TGCh CA3

Technoleg Gwybodaeth a Chyfathrebu

Y Llyfr Adolygu

Cynnwys

Adran 1 - Rhannau System Gyfrifiadurol

Data 1
Systemau Cyfrifiadurol 2
Cymharu Systemau Cyfrifiadurol a Systemau Cofnodi â Llaw 3
Diogelu'r Rhwydwaith 4
Dyfeisiau Mewnbynnu 5
Crynodeb Adolygu Adran 1 7

Adran 2 - Defnyddio System Gyfrifiadurol

Cipio Data 8
Cipio Data - Cynllunio Ffurflenni 9
Manteision ac Anfanteision Casglu Data 10
Storio a Phrosesu Data 11
Cyflwyno Data 12
Crynodeb Adolygu Adran 2 13

Adran 3 - Dadansoddi Systemau

Cam Un – Adnabod y Broblem 14
Dadansoddi – Astudiaeth Dichonoldeb 15
Dylunio – Mewnbwn, Proses, Allbwn 16
Dylunio – Diagramau llif 17
Ysgrifennu gweithdrefnau 18
Crynodeb Adolygu Adran 3 19

Adran 4 - Meddalwedd Prosesu Testun a Delweddau

Hanfodion Prosesu Geiriau 20
Prosesu Geiriau – Nodweddion Uwch 22
Graffeg – Creu Delweddau 24
Newid y Delweddau 25
Golygu Delweddau Digidol 26
Bwrddgyhoeddi– Hanfodion 27
Bwrddgyhoeddi – Gweithio gyda Fframiau 28
Bwrddgyhoeddi – Cynhyrchu Papur Newydd 29
Meddalwedd Cyflwyno 30
Crynodeb Adolygu Adran 4 32

Adran 5 - Taenlenni a Chronfeydd Data

Taenlenni – Hanfodion 33
Taenlenni – Fformiwlâu Syml 34
Taenlenni – Graffiau a Siartiau 35
Efelychiadau a Modelau Taenlen 36
Cronfeydd Data 37
Crynodeb Adolygu Adran 5 38

Adran 6 - Y Rhyngrwyd

Hanfodion y Rhyngrwyd 39
Ymchwilio i Bwnc 40
Chwilio am Wybodaeth 41
Ffeithiau a Barn 43
Cynllunio Tudalen We 44
Creu Tudalen We 45
Creu Tudalen We – y Darnau Mwy Anodd 46
Cynllunio Gwefan 47
E-bost 48
Llyfrau Cyfeiriadau 49
Crynodeb Adolygu Adran 6 50

Adran 7 - Cyfrifiaduron yn y Byd Go Iawn

Cyfrifiaduron mewn Siopau 51
Mwy o Ddibenion Cyfrifiaduron 52
Mwy Fyth o Ddibenion Cyfrifiaduron 53
Mesur – Logio Data 54
Cyfnod Logio a Chyfwng Logio 55
Mesur Data Ffisegol 56
Cyfrifiaduron a'r Gyfraith 57
Cyfrifiaduron yn y Gweithle 58
Defnyddio Cyfrifiaduron – Materion Iechyd a Diogelwch 59
Crynodeb Adolygu Adran 7 60

Y fersiwn Saesneg gwreiddiol:
KS3 ICT Information Communication Technology: The Study Guide
Cyhoeddwyd gan Coordination Group Publications Ltd.

Cyfranwyr: Charley Darbishire, Colin Harber Stuart, Kerry Kolbe, Simon Little, Andy Park, Glenn Rogers, Claire Thompson
Argraffwyd gan: Elanders Hindson, Newcastle upon Tyne

Testun, dyluniad a darluniau gwreiddiol ©
Coordination Group Publications Ltd

Y fersiwn Cymraeg hwn:
© CAA (Y Ganolfan Astudiaethau Addysg), 2006
Noddwyd gan Lywodraeth Cynulliad Cymru

Cyhoeddwyd gan y Ganolfan Astudiaethau Addysg (CAA), Prifysgol Cymru Aberystwyth, Yr Hen Goleg, Aberystwyth, SY23 2AX (http://www.caa.aber.ac.uk), gyda chymorth ariannol ACCAC.

Mae hawlfraint ar y deunyddiau hyn ac ni ellir eu hatgynhyrchu na'u cyhoeddi heb ganiatâd perchennog yr hawlfraint.

Cyfieithydd: Howard Mitchell
Golygydd: Lynwen Rees Jones
Dylunydd: Andrew Gaunt
Argraffwyr: Argraffwyr Cambria

Diolch i Dylan Minnice ac Alun Thomas am eu cymorth wrth brawfddarllen.

ISBN: 1 84521 091 3

Adran 1 - Rhannau System Gyfrifiadurol

Data

O'r gorau, ffwrdd â ni. Yn ei hanfod, mae cyfrifiadur yn beiriant sy'n prosesu data. A chan ein bod ni'n trafod TGCh, rhaid i chi wybod beth yw data, a sut mae cyfrifiadur yn ei drin.

Does gan Ddata Ddim Ystyr

Gwybodaeth heb ystyr yw data.

Dychmygwch fod rhywun yn rhoi darn o bapur gydag 120987 wedi'i ysgrifennu arno. Gallai'r rhif olygu unrhyw beth. Gallai'r person fod yn rhoi dyddiad ei ben-blwydd i chi, neu'n dweud faint o arian sydd arnoch chi iddo neu, os ydych chi'n lwcus, faint o arian sydd arno fe i chi.

Mae data yn newid yn wybodaeth pan fyddwch yn gwybod ei gyd-destun.

Enghraifft o ddata

Gwybodaeth = Data + Ystyr

1) Mae cyfrifiaduron yn beiriannau sy'n prosesu data. Maen nhw'n dwp – nid ydyn nhw'n deall y data maen nhw'n ei brosesu.

2) Os bydd cyfrifiadur yn prosesu data sy'n anghywir, bydd y canlyniadau'n ddiystyr. Gelwir hyn yn Sothach Mewn, Sothach Allan (SMSA – Garbage In, Garbage Out[GIGO]).

3) Bydd rhai yn galw hyn yn 'wall cyfrifiadurol'. Maen nhw'n anghywir – gwall dynol ydyw. Anaml iawn y bydd cyfrifiaduron yn gwneud camgymeriadau. Maen nhw'n gwneud yr hyn y cawsant eu rhaglennu i'w wneud.

Os byddwch yn rhaglennu cyfrifiadur i gyfrifo cyfanswm y gost o brynu pum deg pizza sy'n £2.99 yr un, a'ch bod yn teipio £29.9 ar gam, fe gewch yr ateb anghywir.

Caiff data ei storio mewn Beitiau

Mae cyfrifiaduron yn rhedeg ar drydan – wnawn nhw ddim byd hebddo. Cyfres o gylchedau trydan ydyn nhw, a gall pob cylched naill ai fod ymlaen neu wedi'i diffodd.

Mae cyfrifiaduron yn defnyddio cod deuaidd (h.y. maen nhw'n defnyddio dau ddigid yn unig) i gynrychioli data. Mae cylched sydd ymlaen yn cynrychioli'r digid 1, ac mae cylched sydd wedi'i diffodd yn cynrychioli'r digid 0.

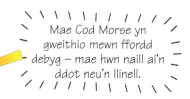

Mae Cod Morse yn gweithio mewn ffordd debyg – mae hwn naill ai'n ddot neu'n llinell.

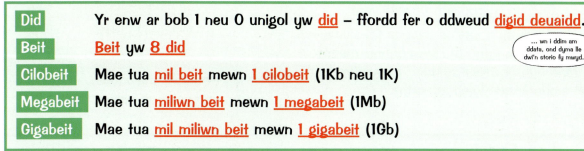

Did	Yr enw ar bob 1 neu 0 unigol yw did – ffordd fer o ddweud digid deuaidd.
Beit	Beit yw 8 did
Cilobeit	Mae tua mil beit mewn 1 cilobeit (1Kb neu 1K)
Megabeit	Mae tua miliwn beit mewn 1 megabeit (1Mb)
Gigabeit	Mae tua mil miliwn beit mewn 1 gigabeit (1Gb)

Tudalen gyntaf y llyfr hwn

Dyma ychydig o wybodaeth ddiwerth: mae 1 cilobeit = 2^{10} = 1024 beit, ac mae 1 megabeit = 2^{20} = 1 048 576 beit, ac os nad yw hynny'n ddigon i chi ... mae 1 gigabeit = 2^{30} = 1 073 741 824 beit.

Systemau Cyfrifiadurol

Mae TGCh yn hollol syml os ydych chi'n gwybod am dair rhan system gyfrifiadurol...

(A) Mewnbynnu Data

1) Caiff gwybodaeth ei newid yn ddata cyn ei mewnbynnu i'r cyfrifiadur.
2) Gallai hyn olygu trawsnewid y wybodaeth yn god.
3) Gallai'r dyddiad 26 Medi 1964, er enghraifft, gael ei newid yn 260964.
4) Dylai'r data sydd wedi'i fewnbynnu gael ei ddilysu er mwyn sicrhau ei fod o'r math iawn (e.e. dylai canran fod rhwng 0 a 100).
5) Dylai'r data gael ei wireddu hefyd – mewn geiriau eraill, dylai fod yn gywir (e.e. os 67% oedd y marc arholiad, yna dylai 67 fod wedi cael ei fewnbynnu).

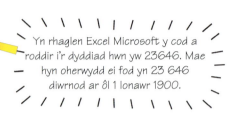
Yn rhaglen Excel Microsoft y cod a roddir i'r dyddiad hwn yw 23646. Mae hyn oherwydd ei fod yn 23 646 diwrnod ar ôl 1 Ionawr 1900.

(B) Mae'r Cyfrifiadur wedyn yn Prosesu'r Data

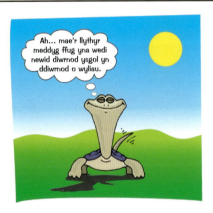

1) Mae prosesu'n golygu newid y data mewnbwn yn rhywbeth arall.
2) Er enghraifft, byddai modd mewnbynnu set o ganlyniadau arholiad i gyfrifiadur sydd wedyn yn cyfrifo'r sgôr cyfartalog.

Uned Brosesu Ganolog (UBG) y cyfrifiadur sy'n gwneud y gwaith prosesu.

(C) Caiff y Canlyniadau wedyn eu Dangos fel Allbwn

1) Allbwn yw pan fydd y cyfrifiadur yn cyfleu canlyniadau'r prosesu data i'r defnyddiwr.
2) Y ddwy ffordd fwyaf cyffredin yw arddangos ar sgrin ac allbrint.
3) Nawr mae'r data yn wybodaeth unwaith eto.
4) Gallai'r wybodaeth sy'n cael ei dangos fel allbwn gael ei defnyddio yn adborth i fewnbynnu rhagor o ddata. Mae hyn yn troi'r system yn gylchred (enw arall amdano yw dolen adborth).

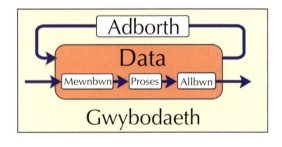

Cofiwch: mewnbwn, prosesu ac allbwn

Mewnbynnu yn bedair oed, prosesu yn yr ysgol, ac yna'r gwaith am 50 mlynedd cyn allbynnu i'r soffa...

Mewnbwn, prosesu, ac yna allbwn... dyna i gyd yw cyfrifiaduron. Cofiwch hynny. Peidiwch â gwastraffu eich amser yn y gwersi TGCh yn anfon negeseuon testun at eich ffrindiau yn sôn am yr hyn y byddwch yn ei wneud dros y penwythnos.

Cymharu Systemau Cyfrifiadurol a Systemau Cofnodi â Llaw

Rhaid wynebu ffeithiau – mae cyfrifiaduron yn ddrud. Wel, yn ddrutach na llawer o bethau. Felly does <u>dim pwynt</u> prynu system gyfrifiadurol ddrud oni bai eich bod yn mynd i gael <u>gwerth eich arian</u>.

Mae llawer o Fanteision i Ddefnyddio System Gyfrifiadurol...

Yn Nhreforus, ger Abertawe, mae'r Llywodraeth yn storio gwybodaeth am holl geir a gyrwyr y DU mewn <u>cronfa ddata</u> fawr ar gyfrifiadur. Fe allai hefyd storio'r un wybodaeth ar <u>system cofnodi â llaw ar bapur</u>. Mae <u>chwe phrif fantais</u> i ddefnyddio <u>system gyfrifiadurol</u>:

> Dyma **FANTEISION** system <u>gyfrifiadurol</u>:
> 1) Mae'n cymryd <u>tipyn llai o le</u> – nid oes angen cypyrddau ffeilio.
> 2) Mae <u>chwilio</u> am gofnodion yn <u>gyflym iawn</u>.
> 3) Gall <u>sawl person</u> gyrchu'r un data ar yr un pryd ar gyfrifiadur sydd ar rwydwaith.
> 4) Mae'r data'n aros <u>yng nghof</u> y cyfrifiadur – ni fydd yn <u>mynd ar goll nac yn cael ei roi yn y ffeil anghywir</u>.
> 5) Mae angen <u>llai o staff</u> i edrych ar ôl y system gyfrifiadurol.
> 6) Mae modd <u>cynhyrchu adroddiadau'n gyflym iawn</u>. Gyda system bapur rhaid chwilio trwy bob cofnod perthnasol a throsglwyddo'r wybodaeth <u>â llaw</u>. Mae hyn yn <u>cymryd llawer o amser</u>, a gall pobl wneud <u>camgymeriadau</u>.

...ond mae Llawer o Broblemau yn ogystal

Mae <u>pedair prif broblem</u>:

Bydd y mega-cyfrifiadur 10 biliwn gigahertz hwn yn trawsnewid eich busnes. Fydd e ddim yn wastraff arian nac amser...wir yr.

① Mae <u>gosod</u> system gyfrifiadurol fawr yn <u>ddrud</u> iawn. Gall <u>systemau mawr</u> mewn mudiadau mawr megis y Gwasanaeth Iechyd Gwladol <u>gostio miliynau</u> o bunnoedd.

② Mae <u>angen pobl</u> i gynnal a chadw systemau cyfrifiadurol. Gall <u>costau hyfforddi</u> fod yn uchel, ac os bydd person yn ymadael â'i swydd mae'r arian wedi'i <u>wastraffu</u>.

③ <u>Nid</u> yw systemau cyfrifiadurol yn <u>berffaith</u> – os bydd y <u>system yn methu</u>, neu os bydd <u>toriad trydan</u>, yna mae modd <u>colli</u> neu <u>lygru</u> data pwysig.

④ Mae <u>copïo ffeiliau</u>, ac felly codi gwybodaeth gyfrinachol o'r system, <u>yn hawdd</u>. Rhaid cadw'r system <u>yn ddiogel</u> er mwyn <u>rhwystro defnyddwyr anawdurdodedig</u> neu <u>hacwyr</u>, rhag mynd iddi.

Cyfrifiaduron – da neu ddrwg?

Mae'r rhan fwyaf ohonom ni'n credu bod y <u>manteision yn gorbwyso'r anfanteision</u> – mae bron pob cwmni neu fudiad heddiw – gan gynnwys eich ysgol chi - yn defnyddio cyfrifiaduron.

Adran 1 - Rhannau System Gyfrifiadurol

Diogelu'r Rhwydwaith

Mae tri phrif fath o ddiogelwch rhwydwaith: diogelwch mynediad, diogelwch data a diogelwch corfforol.

Mae Diogelwch Mynediad yn Cyfyngu ar Ddefnydd o'r Rhwydwaith

1) Dylai pob defnyddiwr awdurdodedig gael enw defnyddiwr, a chreu ei gyfrinair ei hun. Bydd hyn yn cyfyngu ar fynediad anawdurdodedig i'r rhwydwaith.

2) Dylai defnyddwyr newid eu cyfrinair yn aml.

3) Gall defnyddwyr unigol gael hawliau mynediad – er enghraifft, gall rheolwr rhwydwaith gael mynediad i'r feddalwedd sy'n rheoli sut caiff y rhwydwaith ei redeg. Mae modd cyfyngu defnyddwyr eraill i fathau penodol o feddalwedd cymhwyso megis prosesyddion geiriau.

Mae Diogelwch Data yn Atal Data rhag Cael ei Golli

1) Mae modd defnyddio cyfrinair i ddiogelu rhai mathau o feddalwedd a ffeiliau, a rhaid defnyddio'r cyfrinair er mwyn gweld a newid y data.

2) Mae modd gwneud ffeiliau yn rhai darllen yn unig, fel nad oes modd eu newid na'u dileu. Mae modd cuddio ffeiliau eraill fel nad oes modd i'r defnyddiwr eu gweld.

3) Dylid gwneud copïau wrth gefn o'r data ar y system, gan ddefnyddio storfa wrth gefn addas.

4) Dylai ffeiliau wrth gefn gael eu cadw'n ddiogel – yn ddelfrydol, ar wahân i'r rhwydwaith, mewn ystafelloedd dan glo sy'n gallu gwrthsefyll tân.

5) Ystyr archifo yw copïo neu symud ffeil i fan arall er mwyn ei chadw am gyfnod hir.

Mae Diogelwch Corfforol yn Diogelu'r Caledwedd

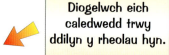

Diogelwch eich caledwedd trwy ddilyn y rheolau hyn.

Mae caledwedd yn ddrud – dilynwch y rheolau hyn er mwyn ei gadw'n ddiogel:

1) **Rhifau cyfresol** – Cadwch gofnod o bob rhif cyfresol, a rhowch enw a chod post y mudiad ar bob darn o offer – mae hyn yn helpu'r heddlu i adnabod eiddo sydd wedi'i ddwyn.

2) **Larymau** – Dylai larymau fod ymhob ystafell gyfrifiadur.

3) **Drysau** – Dylai'r rhain fod ar glo pan nad oes neb yn yr ystafell gyfrifiadur.

4) **Diogelwch rhag tân** – Defnyddiwch ddrysau tân a larymau mwg. Hefyd, gellir defnyddio systemau boddi nwy i ddiffodd tanau er mwyn atal dŵr rhag difrodi'r offer.

5) Rhowch **glo** ar bob ffenest.

6) **Peidiwch** â rhoi cyfrifiaduron ar lawr isaf adeiladau, lle mae modd eu gweld yn hawdd o'r stryd.

7) Tynnwch y llenni neu'r **bleindiau** yn y nos, a diffoddwch bob monitor, fel nad oes modd gweld y cyfrifiaduron.

Daliwch eich gafael ar eich offer a'ch data.

Efallai eich bod chi'n meddwl bod y camau hyn yn mynd dros ben llestri. Ond arhoswch nes bod rhywun wedi dwyn eich cyfrifiadur neu'ch data chi. Mae'n talu ffordd i roi ychydig o faldod i'ch eiddo.

Dyfeisiau Mewnbynnu

Dyfais fewnbynnu yw unrhyw galedwedd sy'n cael ei ddefnyddio i fewnbynnu data i'r system gyfrifiadurol.

Bysellfyrddau QWERTY yw'r Mathau Mwyaf Cyffredin o Ddyfais Fewnbynnu

1) Bysellfyrddau QWERTY yw'r mathau mwyaf cyffredin o fysellfyrddau. Daw'r enw o'r rhes gyntaf o lythrennau ar y bysellfwrdd.
2) Mae bysellfyrddau QWERTY wedi'u seilio ar gynllun y teipiaduron cyntaf.
3) Gall teipio gwybodaeth fod yn araf oni bai bod y defnyddiwr wedi dysgu teipio'n iawn.

Mae Cyffyrddellau'n gyflymach, ond yn Fwy Cyfyngedig

1) Mae cyffyrddellau'n aml yn cael eu defnyddio mewn siopau a bwytai. Mae symbol (neu air) ar bob bysell - sy'n cynrychioli darn o ddata (e.e. y pris) sydd wedi'i storio ar y cyfrifiadur.
2) Er enghraifft, os ewch chi i fwyty bwyd parod, ac archebu byrgyr mega-saim, bydd y person y tu ôl i'r cownter yn pwyso llun o'r byrgyr hwnnw. Mae'r Uned Brosesu Ganolog wedyn yn dweud wrth y dangosydd i ddangos y pris cywir, ac anfon neges i'r gegin ac i'r ystafell rheoli stoc.

Mae cyffyrddellau'n wych os bydd angen teipio'r un wybodaeth dro ar ôl tro.

Llygod a'u tebyg...

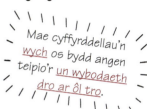

I'r rhan fwyaf o bobl mae defnyddio llygoden yn hawdd. Mae gan lygoden ddau brif ddarn:

1) Y botymau. Pan fydd y cyrchwr dros eicon, eitem ar ddewislen, neu ar ymyl llun, mae modd clicio botymau'r llygoden unwaith neu ddwywaith (dwbl-glicio). Hefyd, mae modd dal y botwm i lawr er mwyn llusgo rhywbeth ar draws y sgrin.
2) Mae pêl o dan y llygoden. Mae synwyryddion yn mesur symudiad y bêl i ddau gyfeiriad. Ar sail hyn, gall y cyfrifiadur ddyfalu cyfeiriad a phellter symudiad y llygoden, ac wedyn symud y cyrchwr ar y sgrin.

Mae gan liniadur belen lwybro neu badiau cyffwrdd:

1) Mae pelen lwybro yn gweithio yn debyg i lygoden, ond caiff y belen ei symud â llaw, er mwyn iddo gymryd llai o le. Mae'r rhan fwyaf o bobl yn eu cael yn bethau trafferthus ac araf, sydd heb fod yn ddigon cywir.
2) Mae padiau cyffwrdd yn edrych yn debyg i sgriniau bach. Rydych yn symud eich bys ar draws y pad er mwyn symud y cyrchwr. Maen nhw'n llai o faint na'r llygoden, ac yn cael eu defnyddio ar bron pob gliniadur erbyn hyn.

Mae Padiau Graffeg yn Hwyluso Tynnu Lluniau, ac maen nhw'n Fwy Cywir

1) Mae padiau graffeg fel pin a phapur. Maen nhw'n cynnwys pilen gyffwrdd (fel darn o bapur) a phwyntil caled (fel pin).
2) Mae'r defnyddiwr yn pwyso ar yr wyneb gyda'r pwyntil, ac mae'r bilen yn cofnodi'i safle a'i ddangos ar y sgrin.

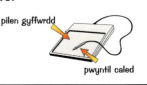

Ond ble mae'r caws?

Doniol iawn!! Defnyddiwch eich llygoden yn iawn, ac anghofiwch am y caws.

Adran 1 - Rhannau System Gyfrifiadurol

Dyfeisiau Mewnbynnu

Dyma rai dyfeisiau mewnbynnu i'ch cyffroi chi. Gwnewch yn siŵr eich bod chi'n deall sut maen nhw'n gweithio.

Mae Sganwyr yn Newid Delweddau yn Ddata Digidol

1) Mae sganiwr yn gweithio rhywbeth yn debyg i beiriant ffacs. Caiff llun ei roi trwy'r sganiwr a'i drawsnewid yn ddata digidol.
2) Problemau – gall y ffeiliau didfap hyn fod yn fawr iawn a defnyddio llawer o gof. Manteision – mae trin a golygu'r ddelwedd sydd wedi'i sganio'n hawdd ac yn gyflym.

> Mae modd dal sganwyr bach yn y llaw. Mae sganwyr gwastad, sy'n fwy eu maint, yn ffitio ar ddesg.

Mae Camerâu Digidol ychydig yn debyg i Sganwyr

Mae camerâu digidol yn cadw delwedd fel cyfres o ddotiau – picseli. Wedyn mae modd llwytho'r ddelwedd i gyfrifiadur a'i golygu gan ddefnyddio meddalwedd golygu ffotograffau.
Manteision – nid oes angen ffilm yn y camera, ac mae modd defnyddio'r ddelwedd ar unwaith. Hefyd, mae modd ei hanfon fel atodiad e-bost i unrhyw le yn y byd.
Problem – mae delweddau cydraniad uchel yn defnyddio llawer o gof ac, ar hyn o bryd, llawer o bŵer batri.

Mae Llawer o Ddefnydd ar Binnau Golau a Sganwyr Laser

Llwy yw fy hoff ddyfais fewnbynnu i

Mae pinnau golau a sganwyr laser yn cael eu defnyddio mewn archfarchnadoedd a llyfrgelloedd. Maen nhw'n cael eu defnyddio i ddarllen cod bar sy'n cynnwys data am y cynnyrch sy'n cael ei sganio.
Manteision – mae'n cyflymu'r broses o brynu nwyddau, ac yn lleihau'r posibilrwydd y bydd rhywun yn gwneud camgymeriad.
Problemau – mae'r system yn ddrud ac mae gofyn i'r data sydd yn y cod bar a'r system gyfrifiadurol fod yn gywir.

Mae Microffonau'n trawsnewid Sain yn Ddata

Defnyddir microffonau i fewnbynnu data i systemau adnabod llais, sy'n trawsnewid sain yn destun neu'n orchmynion i'r cyfrifiadur. Fe'u defnyddir hefyd i recordio sain er mwyn ei storio'n ddigidol a'i hanfon dros y Rhyngrwyd neu ar e-bost.

Mae Synwyryddion yn newid Gwybodaeth Amgylcheddol yn Ddata

Mae synwyryddion yn galedwedd sy'n cofnodi gwybodaeth amgylcheddol a'i thrawsnewid yn ddata. Er enghraifft, mae synwyryddion tymheredd, synwyryddion goleuni a synwyryddion is-goch yn cael eu defnyddio mewn systemau larwm lladron, ac os ewch i'r wefan www.firsthydro.co.uk/weather fe welwch wybodaeth - yn lluniau ac yn ystadegau - am y tywydd ar y pryd ar Yr Wyddfa.

Mae Streipen Fagnetig ar Gefn Cerdyn Credyd

(Cardiau Streipen Fagnetig – am resymau amlwg)

streipen fagnetig

1) Gwneir cardiau streipen fagnetig trwy selio darn bach o dâp magnetig wrth wyneb cefn y cerdyn.
2) Mae gwybodaeth ar gardiau credyd/debyd, er enghraifft, sy'n galluogi'r cyfrifiadur i adnabod y cwsmer, neu mae cardiau ffôn yn gallu dangos i'r cyfrifiadur sawl uned sydd ar ôl.

Llawer o deganau (drud) i chi chwarae gyda nhw...

Cyfrifiaduron, cardiau credyd, synwyryddion, camerâu digidol, sganwyr ac, wrth gwrs, ffonau symudol, a phob un ohonyn nhw yn defnyddio TGCH.

Adran 1 - Rhannau System Gyfrifiadurol

Crynodeb Adolygu Adran 1

Nawr eich bod chi wedi darllen am y pethau sylfaenol, mae'n bryd i chi fwrw golwg dros y cwestiynau hyn i weld faint rydych chi yn ei gofio. Nodwch eich atebion ar bapur, ac wedyn edrychwch nôl dros yr adran er mwyn eu gwirio. Pan fyddan nhw i gyd yn gywir ewch ymlaen i'r adran nesaf.

1. Beth yw'r gwahaniaeth rhwng data a gwybodaeth?
2. Ym mha ffyrdd y mae cyfrifiaduron yn dwp?
3. Am beth mae'r llythrennau SMSA (GIGO yn Saesneg) yn sefyll?
4. Sawl did sydd mewn beit?
5. Beth yw enwau'r tri cham wrth brosesu data?
6. Beth sy'n digwydd ymhob cam?
7. Rhowch bedwar rheswm i esbonio pam mae system wybodaeth gyfrifiadurol yn well na system wybodaeth ar bapur.
8. Esboniwch ddwy o broblemau defnyddio system gyfrifiadurol.
9. Pwy ddylai fod â'r hawl i wybod eich cyfrinair?
    a) Chi
    b) Eich ffrind gorau
    c) Unrhyw un sydd eisiau dileu eich ffeiliau.
10. Beth yw ystyr 'darllen yn unig'?
11. Beth yw ystyr 'archifo'?
12. Disgrifiwch dri pheth y gellwch eu gwneud er mwyn diogelu eich caledwedd.
13. Ymhle y dylech gadw eich ffeiliau wrth gefn?
    a) Mewn bocs cardfwrdd dan eich desg
    b) Mewn man diogel mewn adeilad arall
    c) Ar gopa'r Wyddfa.
14. Beth yw chwe llythyren gyntaf bysellfwrdd arferol?
15. Sut mae cyffyrddellau'n wahanol i fysellfyrddau arferol?
16. Disgrifiwch sut mae llygoden yn gweithio.
17. Esboniwch un gwahaniaeth rhwng pad cyffwrdd a llygoden.
18. I ba ddiben y byddech chi'n defnyddio pwyntil caled?
    a) Er mwyn ysgrifennu ar bilen gyffwrdd
    b) Er mwyn dadsgriwio casyn eich cyfrifiadur
    c) Er mwyn pigo'ch trwyn.
19. Pa fath o ffeil sy'n cael ei chreu pan gaiff delwedd ei rhoi trwy sganiwr? O ble y daw'r enw hwn?
20. Disgrifiwch ddwy o fanteision defnyddio pin laser neu system sganio golau.
21. Esboniwch ddwy broblem sy'n codi wrth eu defnyddio.
22. Beth mae synwyryddion yn ei wneud? Rhowch enghraifft o ddau fath o synhwyrydd.

Cipio Data

Cipio data yw casglu gwybodaeth i'w rhoi ar gyfrifiadur.

Mae Cipio Data'n newid Gwybodaeth yn Ddata

Mae dwy ran i broses cipio (casglu) data:
1) Rhaid i chi gofnodi'r wybodaeth mewn ffurf addas i'r cyfrifiadur.
2) Rhaid i chi fewnbynnu'r data i'r cyfrifiadur.

Dulliau cofnodi â llaw – Ffurflenni a Holiaduron

Ymysg y dulliau â llaw mae ffurflenni cipio data a holiaduron. Mae rhywun yn ysgrifennu gwybodaeth ar ffurf sydd wedi'i gosod ymlaen llaw (e.e. ar ffurflen). Yna, caiff ei mewnbynnu i'r cyfrifiadur yn union yr un ffordd ag y mae wedi ei hysgrifennu ar y ffurflen.

1) Mae gofyn cael rhywun i deipio canlyniadau holiaduron â llaw.

2) Ond mae modd mewnbynnu data o rai ffurflenni cipio data gan ddefnyddio fformat cod. Caiff y wybodaeth ei darllen yn awtomatig gan rywbeth yn debyg i sganiwr, e.e. cofrestri ysgol, taflenni amlddewis...

3) Mae dogfennau 'nôl a blaen' (e.e. ffurflenni darllen mesuryddion trydan) yn defnyddio dull lled-awtomatig. Mae'r system gyfrifiadurol yn argraffu ffurflen bersonol i'r cwsmer ag arni fwlch i gofnodi darlleniad y mesurydd. Mae'r cwsmer yn ysgrifennu'r darlleniad â llaw cyn anfon yn cerdyn nôl i'r cwmni sydd wedyn yn rhoi'r data newydd ar eu cyfrifiadur nhw.

> 21. Rydych yn gyrru dros Fannau Brycheiniog ac yn taro oen sy'n croesi'r ffordd. A ydych chi'n
> A: Stopio, ei roi yng nghefn y car, a meddwl am saws mintys
> B: Gyrru ymlaen heb stopio
> C: Stopio, a ffonio milfeddyg
> Ch: Gyrru nôl drosti i wneud yn siŵr?   A B C Ch

Dulliau Awtomatig – Synwyryddion ac ati...

1) Mae cipio data'n awtomatig yn golygu casglu gwybodaeth o synwyryddion, darllenyddion cod bar a sganwyr.

2) Er enghraifft, mae synhwyrydd tymheredd yn cofnodi'r tymheredd, ac yn storio'r data nes iddo gael ei lwytho i lawr ar gyfer ei brosesu.

Mae gan Bob Dull ei Fanteision a'i Anfanteision

SYSTEMAU CIPIO DATA Â LLAW
1. Maen nhw'n angenrheidiol weithiau – does dim modd cael data personol ond trwy ddefnyddio ffurflen cipio data â llaw.
2. Maen nhw'n rhatach – mae angen llai o galedwedd a meddalwedd, felly fydd y system ddim mor ddrud.

SYSTEMAU CIPIO DATA AWTOMATIG
1. Yn gyflymach ac yn fwy manwl na systemau gweithredu â llaw.
2. Nid oes rhaid i bobl fod yn bresennol – felly maen nhw'n ddefnyddiol mewn mannau sy'n beryglus neu'n anodd eu cyrraedd (e.e. yng nghrombil atomfa).

Cofnodi â llaw, cofnodi'n awtomatig ...

Dysgwch y gwahaniaeth rhwng y ddau, ynghyd a dwy enghraifft yr un. Yna, dysgwch fanteision ac anfanteision y ddau.

Cipio Data – Cynllunio Ffurflenni

Mae'n bwysig bod ffurflenni cipio data wedi'u cynllunio'n dda. Bydd y ffurflen yn ddiwerth oni bai bod y person sydd yn ei llenwi yn gwneud hynny'n iawn.

Rheolau ar Gyfer Cynllunio Ffurflen Dda

CADWCH HI'N SYML...

1) Cadwch y gosodiad yn syml. Gadewch ddigon o le i ysgrifennu atebion, a pheidiwch â rhoi blychau ateb yn rhy agos at ei gilydd, rhag i'r wybodaeth gael ei chofnodi yn y lle anghywir.
2) Ysgrifennwch y cyfarwyddiadau mewn iaith syml. Gwnewch y dasg yn hollol amlwg.
3) Gwnewch yn siŵr ei bod yn edrych yn ddiddorol – trwy ddefnyddio gwahanol ffontiau a meintiau.

CADWCH HI'N DDEFNYDDIOL...

1) Peidiwch â gofyn am ormod o wybodaeth. Does dim pwynt gofyn am wybodaeth sydd gennych eisoes, neu wybodaeth ddiangen.
2) Os yn bosibl, gofynnwch i bobl ysgrifennu gwybodaeth mewn ffordd sy'n addas i'w mewnbynnu fel data, e.e. ysgrifennu dyddiad geni ar y ffurf dd/mm/bbbb.

CADWCH HI'N GYWIR...

1) Gwnewch yn siŵr bod y ffurflen yn gywir ac yn gyflawn cyn ei hargraffu.
2) Yn bwysicach oll – PROFWCH HI gyda nifer fach o bobl er mwyn sicrhau ei bod yn gweithio'n iawn. Wedyn, os bydd problemau, bydd modd i chi eu datrys cyn ei defnyddio.

Enghreifftiau:

Dyma ffurflen sydd wedi'i chynllunio'n wael. Mae'n aneglur iawn.

Dyma ffurflen lawer gwell...

Ffurflenni – maen nhw'n bethau diflas ond ewch chi ddim yn bell hebddyn nhw

Mae cynllunio ffurflen yn swnio'n syml, ond mae'n hawdd gwneud cawl ohoni. Cymerwch ofal os nad ydych chi am gael 500 o ffurflenni disynnwyr nôl.

Manteision ac Anfanteision Casglu Data

Ar ôl i chi gipio'r holl wybodaeth hon, rhaid ei storio'n rhywle. Mae storio electronig yn wych, ond mae yna broblemau.

Rhaid Diogelu Data sydd Wedi'i Gasglu

Cwsmeriaid Banc yn Flin

Cafodd aelodau o staff Banc Dyfed amser caled heddiw ar ôl i gynilion miloedd o gwsmeriaid ddiflannu o'r system gyfrifiadurol.

Aeth hacwyr i gofnodion y banc a newid miloedd o gyfrifon, gyda'r canlyniad bod siopwyr yn methu â thynnu eu harian. Roedd rhaid i staff y banc heddiw ddioddef cwynion llawer o gwsmeriaid blin.

Dywedodd llefarydd ar ran y banc, Terry Jones, fod y banc yn '…ceisio'n galed iawn i gywiro'r sefyllfa'.

HACWYR
1. Weithiau, gall hacwyr 'hacio' i system gyfrifiadurol ac edrych ar ffeiliau. Mae cwsmeriaid yn poeni am eu preifatrwydd felly.
2. Hefyd, pan fyddan nhw'n gwneud hyn, gallan nhw newid neu ddileu darnau o wybodaeth.

GALL DATA FYND AR GOLL
Weithiau, mae modd colli data – methu â chael hyd i'r hyn rydych wedi'i storio – am sawl rheswm, gan gynnwys:
1. Nam ar y caledwedd, e.e. offer diffygiol, toriadau trydan.
2. Difrod i gorff y cyfrifiadur e.e. trwy'i daflu trwy'r ffenest.

Mynd yn Nos ar Ferched y Wawr

Cafodd aelodau Cangen Cwm Sgwt o Ferched y Wawr fraw heddiw pan ffrwydrodd cyfrifiadur y trysorydd – gan golli nifer o ryseitiau gwerthfawr.

"Collais fy mhaned dros y cyfrifiadur," meddai Mrs Dot Ifans, cadeirydd y gangen, "aeth y cwbl yn fwg ac yna 'bang'. Collon ni bob un o ryseitiau bara brith aelodau'r gangen."

Firws yn Creu Llanast

Mae firws, sy'n cael ei ystyried yr un mwyaf soffistigedig erioed, wedi ysgubo trwy filiynau o gyfrifiaduron dros y pythefnos diwethaf.

Dywed yr arbenigwyr mai'r cwmnïau bach sy'n cael eu taro waethaf, am nad ydyn nhw wedi diweddaru eu meddalwedd wrthfirysau.

FIRYSAU
Mae pawb wedi clywed amdanyn nhw, ond ychydig ohonom ni sy'n deall beth ydyn nhw.
1. Mae firws yn rhaglen sy'n gallu gwneud copïau ohoni'i hun, a symud o gyfrifiadur i gyfrifiadur trwy atodi ei hun i ffeiliau a negeseuon e-bost.
2. Gall lygru ffeiliau, a'u gwneud yn ddiwerth.
3. Mae hyn yn achosi problemau mawr i rai cwmnïau sy'n colli data cwsmeriaid a data busnes hanfodol.

Storio Data – Cyfrifiadur neu Bapur?

Felly pam mae pawb yn defnyddio cyfrifiaduron?
Mae rhagor o fanylion ar dudalen 3, ond dyma ychydig o bwyntiau i'ch atgoffa.

MANTEISION DEFNYDDIO CYFRIFIADURON
1. Mae chwilio am gofnodion yn gyflym ac yn hawdd.
2. Maen nhw'n cymryd llai o le na chypyrddau ffeilio.
3. Mae angen llai o staff.
4. Mae cynhyrchu adroddiadau a dadansoddi data yn haws.
5. Gall mwy nag un person ar y tro edrych ar y data.

ANFANTEISION DEFNYDDIO CYFRIFIADURON
1. Mae gosod y system yn ei lle'n ddrud.
2. Rhaid hyfforddi staff i ddefnyddio'r system.
3. Nid yw'r data'n hollol saff (gweler uchod).
4. Mae modd darllen neu gopïo ffeiliau cyfrinachol yn haws na phe baen nhw wedi'u cloi mewn cwpwrdd ffeilio.

Tân… llifogydd… newyn… firysau cyfrifiadur…

Dysgwch y tair ffordd wahanol o golli data sydd wedi'i storio ar gyfrifiadur (a sut mae peidio â'i golli). Yna, dysgwch y manteision a'r anfanteision i fusnesau, ac ati, o storio data ar gyfrifiadur yn hytrach nag ar bapur.

Adran 2 - Defnyddio System Gyfrifiadurol

Storio a Phrosesu Data

Ar ôl i chi gipio eich data, caiff ei storio a'i brosesu mewn ffyrdd arbennig.

Caiff Ffeiliau Data eu Trefnu yn Feysydd ac yn Gofnodion

Rhaid trefnu ffeiliau data mewn rhyw ffordd cyn eu storio.
Fel arfer, maen nhw'n cael eu trefnu ar ffurf cofnodion a meysydd, fel hyn:

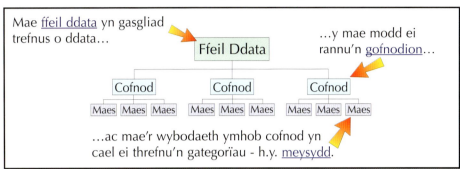

Mae gan Feysydd naill ai Hyd Sefydlog neu Hyd Newidiol

Hyd maes yw nifer y nodau (h.y. rhifau, llythrennau neu symbolau) y mae'r maes yn eu cynnwys.
Os yw'r maes yn un hir mae'n defnyddio mwy o gof.

MAES Â HYD SEFYDLOG

1. Mae ganddo nifer sefydlog o nodau.
2. Mae'r ffeil ddata yn gallu derbyn yr union nifer yna o nodau – p'un ai oes eu hangen nhw ai peidio.
3. Mae modd prosesu meysydd hyd sefydlog yn gyflymach ond maen nhw'n defnyddio llawer o gof.

MAES Â HYD NEWIDIOL

1. Nid yw maes â hyd newidiol ond cyhyd ag sydd angen iddo fod.
2. E.e. mae maes sy'n cynnwys 'Boris' yn cymryd 5 nod, ond 3 nod yn unig sydd eu hangen ar gyfer 'Bob'.
3. Gall maes â hyd newidiol ddefnyddio llai o gof, ond gall gymryd mwy o amser i'w brosesu.

Prosesu Amser Real a Swp-brosesu

Gall cyfrifiadur brosesu data mewn gwahanol ffyrdd – y ddwy bwysicaf yw prosesu amser real (diweddaru data wrth fynd ymlaen) a swp-brosesu (popeth ar yr un pryd).

PROSESU AMSER REAL

1) Prosesu amser real yw pan fydd ffeiliau data'n cael eu diweddaru cyn gynted ag y caiff gwybodaeth newydd ei mewnbynnu neu ei bod ar gael.
2) E.e. pan fyddwch yn archebu tocyn ar awyren, mae'n cael ei neilltuo ar unwaith, ac nid oes modd i neb arall gael yr un sedd.
3) Defnyddiwch brosesu amser real pan fyddwch chi am brosesu'r wybodaeth ar unwaith.

SWP-BROSESU

1) Swp-brosesu yw pan gaiff nifer o weithrediadau eu storio, ac yna eu prosesu ar yr un pryd.
2) E.e. mae busnesau mawr yn cyfrif cyflogau eu holl weithwyr ar yr un pryd bob mis.
3) Defnyddiwch swp-brosesu pan fydd rhaid i chi brosesu swmp mawr o ddata yn rheolaidd – a phan nad oes rhaid ei brosesu ar unwaith.

Felly, faint o'r data hyn ydych chi wedi'i storio?

Does dim byd amdani ond eistedd i lawr a dysgu'r gwaith. Os gwnewch chi hyn, chewch chi ddim problemau o gwbl.

Adran 2 - Defnyddio System Gyfrifiadurol

Cyflwyno Data

Mae hyn yn dibynnu ar y math o ddyfeisiau allbynnu a'r math o ddata sydd gennych, a sut ydych chi am ei gyflwyno.

Mae Modd Cyflwyno Data mewn Chwe Gwahanol Ffordd...

1) **TESTUN** sydd orau pan fydd angen i chi fod yn fanwl. Mae'r sawl sy'n ysgrifennu'r testun a'r sawl sy'n ei ddarllen yn gallu'i ddeall – felly gallwch fod yn siŵr nad oes unrhyw gamddealltwriaeth. Yr anfantais yn aml yw bod angen llawer o eiriau i esbonio syniadau cymhleth.

2) Mae modd defnyddio **SAIN** nid yn unig i gyfleu geiriau, ond hefyd i ychwanegu miwsig neu seiniau sy'n rhoi gwell syniad i'r gwrandawr o'r lle neu o'r naws. Nid oes rhaid i chi wylio sgrin i dderbyn y neges, ond mae angen cerdyn sain a seinyddion (neu glustffonau) er mwyn ei derbyn.

3) Gall **LLUNIAU** (llonydd neu symudol) hefyd gyfleu syniadau ac emosiynau yn well na geiriau. Fodd bynnag, gall y neges fod yn amwys – gall pobl ddehongli lluniau mewn gwahanol ffyrdd.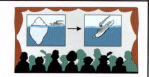

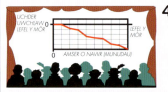
4) Mae **GRAFFIAU** yn dangos y berthynas rhwng dwy neu ragor o setiau o rifau trwy ddefnyddio llinellau, dotiau a barrau sy'n cael eu llunio rhwng echelinau, e.e. graffiau llinell a graffiau bar. Gall graffiau grynhoi gwybodaeth gymhleth, ond mae angen i'r sawl sy'n edrych arnyn nhw ddeall ychydig o fathemateg.

5) **SIARTIAU** yw unrhyw ddelwedd sy'n cyfleu gwybodaeth rifiadol neu resymegol, e.e. tablau, siartiau cylch a siartiau llif. (Mae ganddyn nhw'r un manteision ac anfanteision â graffiau.)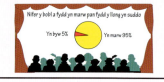

6) Mae **CYFLWYNIADAU AMLGYFRWNG** yn cyfuno testun, graffigwaith a sain e.e. gwyddoniadur CD-Rom.

...Gan Ddefnyddio Dau Brif Ddull Allbynnu

1) **DANGOSYDD SGRIN** yw'r dull mwyaf cyffredin. Mae'r defnyddiwr yn gwylio'r wybodaeth ar y sgrin (VDU) neu'r monitor (ac mae hefyd yn clywed unrhyw sain sy'n dod trwy'r uchelseinydd).

2) Mae **COPI CALED** yn gofnod parhaol wedi'i argraffu o'r wybodaeth – ar bapur fel arfer.

Mae Gan y Ddau Ddull ei Fanteision a'i Anfanteision

1) Gyda sgrin, mae modd gweld neu olygu gwybodaeth ar unwaith, ac mae cyflwyniadau amlgyfrwng sy'n defnyddio sain a delweddau symudol yn bosibl.
2) Gallai'r hyn a welwch ar y sgrin fod ychydig yn wahanol i'r fersiwn terfynol wedi'i argraffu.
3) Mae copïau caled yn dda am eu bod yn rhoi cofnod parhaol o'r wybodaeth, ac mae modd edrych arnyn nhw heb gyfrifiadur. Ar y llaw arall, nid oes modd i chi ddefnyddio seiniau a delweddau symudol.

Peidiwch â mynd i gysgu yn y cefn!

Cofiwch fod yna lawer o ffyrdd gwahanol i gyflwyno gwybodaeth. Dysgwch nhw. O'r gorau, ewch nôl i gysgu.

Crynodeb Adolygu Adran 2

Onid yw Adran 2 yn wych? Popeth o feysydd i lygod, ond dim sôn am lygod y maes, serch hynny. Chewch chi ddim popeth. O'r gorau, ymlaen â ni. Ewch dros y cwestiynau hyn nes eich bod wedi ateb pob un yn gywir.

1) Pa ddwy ran sydd i'r broses cipio data?

2) Nodwch enghraifft o bob un o'r dulliau hyn o gipio data:
   a) Dulliau cofnodi â llaw
   b) Dulliau lled-awtomatig
   c) Dulliau awtomatig.

3) Nodwch ddwy fantais yr un o'r system cipio data â llaw a'r system cipio data'n awtomatig.

4) Sut dylai cyfarwyddiadau ar ffurflen cipio data gael eu hysgrifennu?
   a) Gan ddefnyddio geiriau a brawddegau cymhleth,
   b) Gan ddefnyddio geiriau syml sy'n hawdd eu deall,
   c) Mewn cod deuaidd.

5) Rhestrwch bedair rheol arall y dylech eu cofio wrth lunio ffurflen cipio data.

6) Rhestrwch o leiaf dair ffordd y gallai'r data rydych wedi'i storio gael ei golli.

7) Nodwch un fantais ac un anfantais storio data ar gyfrifiadur yn hytrach nag ar bapur.

8) Sut caiff ffeiliau data eu trefnu?
   a) Mewn meysydd a chofnodion
   b) Mewn meysydd chwarae
   c) Mewn cypyrddau ffeilio.

9) Beth yw'r gwahaniaeth rhwng maes â hyd sefydlog a maes â hyd newidiol?

10) Disgrifiwch brosesu amser real. Nodwch un enghraifft o sefyllfa lle byddai modd ei ddefnyddio.

11) Gwnewch yr un peth ar gyfer swp-brosesu.

12) Rhestrwch bedair ffordd o gyflwyno gwybodaeth.

13) Beth yw anfantais defnyddio copi caled yn hytrach na sgrin wrth wneud cyflwyniad?

14) Beth yw'r gwahaniaeth rhwng graff a siart?

15) Beth sy'n dod ar ôl Adran Dau?

Adran 2 - Defnyddio System Gyfrifiadurol

Adran 3 – Dadansoddi Systemau

Cam Un – Adnabod y Broblem

Efallai mai dyma ran anoddaf TGCh. Mae dadansoddi systemau yn ffordd o <u>droi hen systemau gwybodaeth yn rhai newydd a gwell</u>. Ceisiwch beidio â diflasu os bydd eich athrawon yn gofyn i chi chwarae rôl dadansoddwr systemau sy'n gorfod datrys problem gan ddefnyddio TGCh.

Mae *Cylchred Bywyd System* yn dangos sut mae *Newidiadau yn Cael eu Gweithredu*

Dyma ddiagram defnyddiol – mae'n eich helpu i weld sut mae gwahanol rannau'r adran hon yn plethu i'w gilydd.

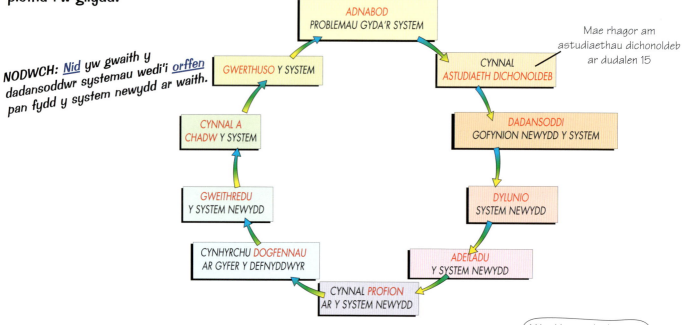

Mae rhagor am astudiaethau dichonoldeb ar dudalen 15

NODWCH: <u>Nid</u> yw gwaith y dadansoddwr systemau wedi'i <u>orffen</u> pan fydd y system newydd ar waith.

Sut i *Adnabod y Broblem*...

1) Mae gan systemau presennol <u>ddwy brif broblem</u>:
   - hwyrach mai <u>system â llaw</u> a ddefnyddir lle byddai system gyfrifiadurol yn well,
   - neu hwyrach bod yna broblemau oherwydd nad yw'r system <u>gyfrifiadurol bresennol</u> yn ddigon da.

Y broblem yw bod angen i chi ddefnyddio llygoden.

2) Mae angen i'r dadansoddwr systemau:
   <u>gyfweld</u> defnyddwyr y system er mwyn cael gwybod am eu profiadau,
   <u>dadansoddi</u> canlyniadau holiaduron a roddwyd i'r defnyddwyr,
   <u>arsylwi</u> ar bobl pan fyddan nhw'n defnyddio'r system,
   <u>astudio</u> dogfennau megis canllawiau, allbrintiau ac adroddiadau gwall.

3) Wedyn, dylai'r dadansoddwr systemau <u>ddeall</u> y system bresennol a'i <u>phroblemau</u>.

4) Yna, caiff y wybodaeth hon ei defnyddio i helpu i <u>ddadansoddi'r system newydd</u> ac ysgrifennu'r <u>astudiaeth dichonoldeb</u>.

Ni ddaw gwaith dadansoddwr systemau byth ar ben...

Rhaid i chi ddysgu Cylchred Bywyd System – yn drwyadl.
Ni fydd hyn yn ddifyrrwch pur, ond dyma'r unig ffordd o wneud synnwyr o'r testun hwn.
Dechreuwch trwy ddysgu'r geiriau mewn coch – bydd hyn yn eich helpu i gofio'r gweddill.

Dadansoddi – Astudiaeth Dichonoldeb

Mae astudiaeth dichonoldeb yn ffordd o ddadansoddi gofynion system newydd, er mwyn gweld a yw'n werth ei mabwysiadu. Rhaid i chi wneud pob un o'r pethau canlynol yn eu trefn, ac yna mynd nôl i'r dechrau.

① Penderfynu ar Amcanion y System Newydd

Amcanion yw canlyniadau mesuradwy, sy'n gallu profi a yw'r system yn welliant ai peidio. Mae angen sawl un ohonyn nhw er mwyn bod yn sicr.

E.e. 'lleihau, o 25%, yr amser sydd ei angen i argraffu'r slipiau cyflog'

Dyma amcan da oherwydd bod modd i chi roi prawf arno trwy ei fesur, ac yna cymharu'r amser mae'r ddwy system – yr hen a'r newydd – yn ei gymryd.

② Rhestrwch y Mewnbwn a'r Allbwn i'r System Newydd

MEWNBWN – unrhyw ddata sy'n mynd mewn i'r system

Enghreifftiau: prisiau nwyddau, archebion cwsmeriaid, manylion cwsmeriaid newydd, manylion nwyddau a ddychwelwyd, manylion gweithwyr, manylion cyflogau, oriau gwaith…

ALLBWN – unrhyw ddogfennau ac ati, sy'n dod allan o'r system

Enghreifftiau: anfonebau, adroddiadau mewnol, ystadegau, tagiau pris, slipiau cyflog, taflenni amser y gweithwyr ac ati.

③ Nodwch Reolau a Chyfyngiadau'r System

Mae rheolau'r system yn dweud sut mae gwahanol ffactorau neu gyfyngiadau yn effeithio ar y ffordd y mae'r system yn gweithredu. Maen nhw'n cynnwys pethau fel:

'os bydd cynnydd sydyn yn y galw am un o'n cynhyrchion, efallai y byddwn ni'n gwerthu allan'
'os bydd pris tatws yn codi, bydd rhaid i ni godi rhagor am sglodion'
'os codwn ni ragor am sglodion, bydd llai o bobl yn eu prynu'

Dyma enghreifftiau eraill o gyfyngiadau sy'n effeithio ar sut mae'r busnes yn gallu gweithredu:

Roedd busnes Bob yn wynebu mwy o gyfyngiadau na busnesau eraill…

MATH O GYFYNGIAD	ENGHREIFFTIAU
Lle	Bydd maint y siop/warws/swyddfa yn cyfyngu ar nifer y gwahanol gynhyrchion sydd mewn stoc, nifer y staff, y math o offer, ac ati.
Arian (y mwyaf amlwg, am wn i)	Bydd hwn yn cyfyngu ar eich dewis o gyfrifiadur, faint o staff y gellwch eu cyflogi, faint o stoc y gellwch ei brynu, ac ati.
Cyflenwad a Galw	…rhaid i chi stocio'r hyn y bydd pobl am ei brynu, ac ni allwch chi werthu stoc os na fedrwch gael gafael arno yn y lle cyntaf
Iechyd a Diogelwch	…gall gyfyngu ar gynllun y swyddfa/siop/warws, y mathau o offer a ddefnyddir, dulliau paratoi bwyd, ac ati. (mae'r rhestr yn ddiddiwedd – soniwch am iechyd a diogelwch wrth unrhyw gyflogwr, a bydd e'n gwingo…)
Oes Silff	Mae modd cadw rhai cynhyrchion am gyfnod penodol o amser yn unig. Felly, ni ddylech brynu rhagor nag y gallwch ei werthu cyn y dyddiad olaf gwerthu rhag ofn y bydd angen i chi ddinistrio hen stoc.
Amseriad	Os bydd cynnydd sydyn yn y galw am rywbeth arbennig, efallai na fyddwch chi'n gallu cael gafael ar ddigon o stoc mewn pryd i gyflawni'r archeb.

Defnyddiwch y rheolau hyn i lunio model o'r system er mwyn dangos sut mae'n gweithio. Ewch nôl i'ch amcanion i weld a yw'r system newydd yn welliant.

Yr holl reolau a chyfyngiadau hyn – mae'n f'atgoffa i o'r ysgol…

Efallai eich bod chi'n meddwl bod llawer o hap a damwain yn perthyn i hyn oll. Ond mae'n gwneud synnwyr unwaith y dechreuwch weithio gydag enghreifftiau go iawn.

Dylunio – Mewnbwn, Proses, Allbwn

Dyma pryd mae'r dadansoddwr systemau yn ennill ei fara menyn. Gwnewch yn siŵr eich bod yn gwybod pa gwestiynau sydd angen eu gofyn – a sut mae'r system gyfan yn plethu i'w gilydd.

Mewnbwn – Sut Mae'r Data'n Cael ei Gipio

1) Hwyrach y bydd angen trefnu'r data mewnbwn yn feysydd hyd sefydlog neu'n feysydd hyd newidiol.
2) Gall defnyddio codau leihau maint y ffeil.
   (E.e. mae modd nodi rhyw fel G neu B – gan leihau nifer y beitiau sydd eu hangen i storio'r data.)
3) Dylid braslunio ffurflenni sgrin er mwyn dangos beth fydd y defnyddiwr yn ei weld pan fydd yn mewnbynnu'r data.

Rhestr Wirio Mewnbwn
- Penderfynwch o ble y daw'r data. ☐
- Cynlluniwch y ffurflenni cipio data. ☐
- Penderfynwch sut i strwythuro'r data. ☐
- Penderfynwch sut i fewnbynnu'r data. ☐
- Cynlluniwch y sgrin mewnbynnu. ☐
- Penderfynwch sut y caiff y data ei ddilysu. ☐

Proses – Beth sy'n Digwydd Iddo

Rhestr Wirio Prosesu
- Rhestrwch y tasgau y mae angen eu gwneud. ☐
- Ysgrifennwch y gorchmynion sydd eu hangen er mwyn i'r tasgau gael eu gwneud. ☐
- Gwnewch gynllun i roi prawf ar y prosesu. ☐

'Duw â'm gwaredo, ni allaf ddianc rhag' TGCh

1) Dylai'r tasgau y bydd angen i'r system eu cyflawni gael eu seilio ar y broblem wreiddiol a'r amcanion.
2) Dylai'r gorchmynion gynnwys fformiwlâu taenlen, chwiliadau crtonfa ddata, cynllunio tudalennau bwrddgyhoeddi, a rheolweithiau postgyfuno.
3) Gallai'r gorchmynion hefyd gynnwys cyfnewid data rhwng gwahanol gymwysiadau. (E.e. mewnforio taenlen a'i defnyddio i greu tabl mewn pecyn prosesu geiriau.)
4) Gallai cynllun prawf ar gyfer y maes 'mis geni' gynnwys data nodweddiadol megis 6, data eithafol megis 12 a data annilys megis Boris. Bydd hyn yn rhoi prawf ar effeithiolrwydd y dilysu data.

Allbwn – Allan ag Ef

1) Cofiwch y Rheol Aur – rhaid bod yn gyfeillgar. Rhaid i'r allbwn fod yn addas i ofynion y gynulleidfa.
2) Dylai defnyddwyr weld y wybodaeth sydd ei hangen arnyn nhw yn unig – a hynny'n wybodaeth sy'n hawdd ei deall.
3) Mae gosodiad mor bwysig â chynnwys.
4) Dylid braslunio gosodiad y sgriniau allbwn a'r allbrintiau a'u dangos i'r defnyddiwr er mwyn sicrhau eu bod yn iawn.

Rhestr Wirio Allbwn
- Penderfynwch ba ddata sydd angen ei allbynnu. ☐
- Penderfynwch sut i gyflwyno'r wybodaeth. ☐
- Penderfynwch ba ddyfeisiau allbwn i'w defnyddio. ☐
- Dyluniwch sgriniau allbwn. ☐

Mewnbwn... Prosesu... Allbwn...

Mae tri maes pwysig y mae angen i'r dadansoddwr system (chi) eu hystyried. Dysgwch y rhestrau cyfeirio ar gyfer pob un, ac wedyn bydd popeth yn glir fel grisial. Wel, efallai na fydd mor hawdd â hynny, ond mae gwybod beth sydd angen i chi feddwl amdanyn nhw yn fan cychwyn da.

Adran 3 – Dadansoddi Systemau

Dylunio – Diagramau Llif

Mae diagramau llif yn ffordd wych o ddysgu sut orau y mae gwneud pethau. Dyma ddau fath gwahanol – diagramau o'r brig i lawr a siartiau llif system. Mae'r ddau ohonyn nhw'n eithaf defnyddiol felly ewch ati i'w dysgu.

Mae Diagramau o'r Brig i Lawr yn Dangos y Prif Dasgau

…a dyma enghraifft i chi:

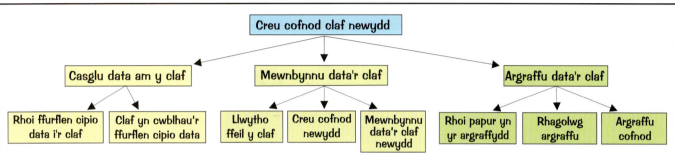

1) Mae <u>dylunio o'r brig i lawr</u> yn edrych ar yr holl system <u>trwy rannu'r prif dasgau</u> yn <u>dasgau llai</u>.
2) Mae diagramau o'r brig i lawr yn dangos <u>beth</u> sydd raid digwydd – ond dydyn nhw <u>ddim</u> bob amser yn dangos <u>sut</u> y byddan nhw yn digwydd.

Mae Siartiau Llif System yn Dangos yn Union Sut Mae'r Data'n Symud

Mae siartau llif system yn defnyddio symbolau safonol – rwyf wedi eu rhestru i lawr yr ymyl:
(Nid yw'r lliwiau'n bwysig, maen nhw yno i wneud y diagram yn haws ei ddilyn… ac maen nhw'n edrych yn ddel.)

1) Dyma siart llif system ar gyfer creu <u>cofnod cleifion newydd</u> mewn meddygfa.
2) Mae'r claf yn llenwi <u>ffurflen cipio data</u>. Mae'r derbynnydd yn mewnbynnu'r wybodaeth i'r ffeil cofnod cleifion.
3) Os nad yw'r data'n <u>ddilys</u>, rhaid ei wirio ochr yn ochr a'r ffurflen.
4) Os yw'r wybodaeth wedi ei <u>mewnbynnu'n anghywir</u>, bydd angen i'r derbynnydd ei <u>mewnbynnu</u> eto.
5) Os yw'r wybodaeth yn <u>cyfateb</u> i'r ffurflen wreiddiol, mae'n mynd nôl i'r claf er mwyn iddo <u>wirio'r manylion</u>.
6) Wedyn, caiff y cofnod cleifion newydd ei <u>ddefnyddio</u> <u>i greu llythyr croeso postgyfuno</u>.
7) <u>Unwaith y caiff y siart llif ei lunio</u>, bydd y rhaglennwr yn gallu ysgrifennu'r gorchmynion a fydd yn <u>creu'r system</u>.

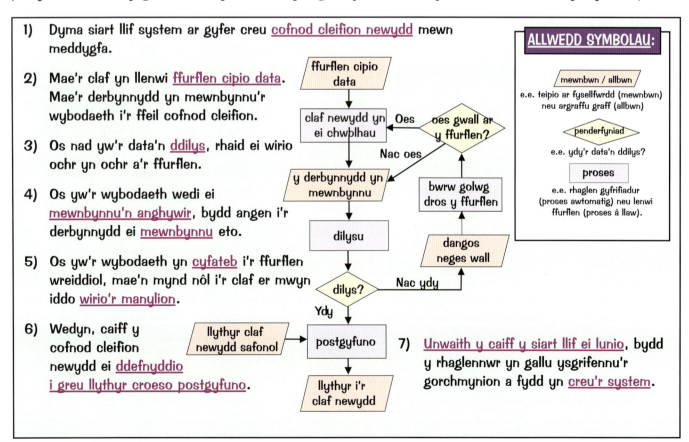

Diagramau llif – hoff bwnc pawb…

O'r brig i lawr er mwyn rhannu'r <u>prif dasgau</u> – <u>siart llif system</u> er mwyn dangos <u>trefn y broses</u> <u>gyfan</u> mewn trefn.

Ysgrifennu Gweithdrefnau

Mae'r rhan fwyaf o raglenni cyfrifiadur yn gyfres o wahanol weithdrefnau. Mae pob gweithdrefn yn cael ei ysgrifennu a'i phrofi ar wahân, ac yna caiff pob un ohonyn nhw eu cyfuno i wneud rhaglen gyfan.

Achos ac Effaith – Rhwystrau Tocyn Awtomatig

Gellwch ysgrifennu gweithdrefnau lle bydd mewnbwn penodol yn achosi cyfres o ddigwyddiadau. Dyma'r system mewnbwn-proses-allbwn unwaith eto (gweler t.16).

ENGHREIFFTIAU:

Meysydd parcio â rhwystrau tocyn: pan fyddwch chi'n cymryd y tocyn (mewnbwn), mae'r rhwystr yn codi (allbwn) i adael y car mewn.

Mae rhai goleuadau traffig yn dangos "aros" nes bod car yn nesáu. Pan fydd car yn cyrraedd y pad gwasgedd (mewnbwn), mae'r goleuadau'n newid (allbwn).

Mae Modd Defnyddio Peiriannau Cyfrif i Reoli

Weithiau mae modd cysylltu mewnbwn â pheiriannau cyfrif a fydd, yn eu tro, yn gweithredu fel mewnbwn arall sy'n achosi allbwn arall ar ôl cyrraedd rhif arbennig.

Er enghraifft, gyda'r rhwystr tocyn yn y maes parcio, gallai'r mewnbwn "cymryd tocyn" gael ei gysylltu â pheiriant cyfrif yn ogystal ag â'r rhwystr ei hun. Pan fydd y maes parcio'n llawn, bydd y peiriant cyfrif yn cynhyrchu mewnbwn arall a fydd yn goleuo'r arwydd "LLAWN" wrth fynedfa'r maes parcio. Da, 'te.

Caiff Rhaglenni eu Hadeiladu o "Flociau" o Weithdrefnau

1) Byddai ysgrifennu rhaglen fawr yn boen pe bai rhaid i chi ei hysgrifennu i gyd mewn un cynnig. Pe na bai'n gweithio, fyddai gennych chi ddim syniad pa ran oedd yn anghywir.
2) Yn lle hynny, caiff rhaglenni eu hysgrifennu fel casgliadau o weithdrefnau syml, fel yr enghreifftiau uchod.
3) Mae modd ysgrifennu a chynnal profion ar bob gweithdrefn ar wahân.
4) Unwaith mae pob darn yn gweithio'n iawn, mae modd cyfuno'r gweithdrefnau er mwyn gwneud gweithdrefnau mwy – gan gynnal profion ar bob cam.
5) Yn y diwedd fe gewch chi raglen lawn sy'n gweithio. Gwych!

Cofiwch wirio pob darn cyn rhoi'r cwbl at ei gilydd...

Mae Gwerthuso'n Sicrhau bod y System yn Dal i Fodloni'i Hamcanion

1) Caiff unrhyw system newydd ei gwerthuso o bryd i'w gilydd er mwyn gweld a yw'n dal i fodloni'i hamcanion – mewn geiriau eraill, a yw'n dal i wneud yr hyn y cafodd ei chynllunio i'w wneud.
2) Yn syml, mae gwerthuso yn ailadrodd yr ymchwil a wnaethoch ar ddechrau cylchred bywyd y system (t.14).

Efallai bydd y system newydd yn dechrau'n iawn, ond nid dyna ddiwedd y stori. Os bydd y llwyth gwaith yn cynyddu'n sylweddol, efallai na fydd hi'n parhau i fodloni ei hamcanion, a bydd angen ei diweddaru eto. Dyma gwblhau cylchred bywyd y system, a bydd rhaid i'r dadansoddwr ddechrau gweithio ar system newydd.

Rhaglennu – job diflas efallai, ond mae'r cyflog yn dda...

Erbyn hyn mae'n siŵr eich bod chi'n rhaglenwyr gwych. O'r gorau, efallai nad ydych chi, ond dyma asgwrn cefn deall sut mae rhaglenni a systemau rheoli yn gweithio. Rhaid i chi ddechrau yn rhywle.

Crynodeb Adolygu Adran 3

Hwyrach nad ydych chi'n un o'r bobl hynny sy'n deffro yn y bore gan weiddi, 'Dadansoddi Systemau' yn uchel, ond dyma destun pwysig iawn i fusnesau, ac yn enwedig i fusnesau sy'n tyfu. Atebwch y cwestiynau hyn. Byddwch chi'n teimlo'n well wedyn.

1) Beth sy'n dod rhwng dadansoddi a gweithredu system gyfrifiadurol newydd?

2) Rhestrwch <u>dair</u> ffordd o gasglu gwybodaeth am sut mae hen system yn cyflawni.

3) Beth yw pwynt astudiaeth dichonoldeb?
    a) Dim syniad
    b) Er mwyn gwirio a yw'n werth gweithredu system newydd ai peidio
    c) Sbort.

4) Nodwch enghraifft o amcan system newydd (peidiwch â defnyddio'r un ar dudalen 15).

5) Beth yw <u>tair</u> prif elfen astudiaeth dichonoldeb?

6) Rhestrwch <u>bedwar</u> math o gyfyngiad a allai effeithio ar sut mae busnes yn gweithredu.

7) Rhestrwch <u>dri</u> pheth y dylid eu gwneud wrth ddylunio mewnbwn system.

8) Rhestrwch <u>dri</u> pheth y dylid eu gwneud wrth ddylunio prosesau system.

9) Rhestrwch <u>dri</u> pheth y dylid eu gwneud wrth ddylunio allbwn system.

10) Disgrifiwch ddiagram brig i lawr i rywun sydd ddim yn deall beth ydyw.

11) Lluniwch siart llif system ar gyfer gwneud omled.

12) Mae'r rhan fwyaf o raglenni cyfrifiadur yn cynnwys...
    a) Llwythi o weithdrefnau gwahanol
    b) Llwythi o lol
    c) Caws.

13) Disgrifiwch sut gellir defnyddio peiriannau cyfrif mewn meysydd parcio i ddweud wrth yrwyr bod y maes parcio'n llawn.

14) Ar ôl gweithredu system newydd, caiff ei gwerthuso o bryd i'w gilydd. Pam?

Adran 4 - Meddalwedd Prosesu Testun a Delweddau

Hanfodion Prosesu Geiriau

Mae pethau wedi newid tipyn ers dyddiau'r teipiadur. Diolch i brosesyddion geiriau, gall bron **unrhyw** un greu dogfen sy'n **edrych yn broffesiynol**. Mae'r ddwy dudalen hyn yn trafod rhai o'r nodweddion syml sy'n gwneud prosesu geiriau mor **arbennig**.

Amlygu testun y mae angen ei olygu

Wnewch chi **byth** ysgrifennu testun **heb wallau** y tro cyntaf. Felly mae angen i chi wybod am y gwahanol ddulliau o **olygu**'r hyn rydych wedi'i ysgrifennu. Yn amlach na pheidio, mae angen i chi **amlygu**'r testun yn gyntaf:

Amlygu'r testun gyda llygoden:

1) Dwbl-gliciwch i ddewis gair.
2) Cliciwch a llusgwch gyda'r llygoden er mwyn dewis yr union beth sydd ei angen arnoch.
3) Trebl-gliciwch i ddewis paragraff cyfan.

Amlygu testun gyda'r bysellfwrdd:

Dal **shift** i lawr tra'n symud y cyrchwr testun gyda **bysellau'r cyrchwr**.

Dal **ctrl** hefyd, er mwyn dewis un gair ar y tro.

Bysellfwrdd **ddywedais** i, nid allwedd

Mae pedair ffordd o **Olygu Testun**

1) **DILEU** testun. Defnyddiwch yr **ol-fysell** i ddileu un nod ar y tro. I ddileu darn o destun, **amlygwch** ef a phwyswch yr ol-fysell.
2) **MEWNOSOD** a **NEWID** testun.
   Er mwyn mewnosod testun, symudwch y cyrchwr i'r man lle mae eisiau iddo fod, a dechreuwch deipio.
   Er mwyn newid geiriau neu ddarnau o destun, **amlygwch** y testun y mae angen ei newid, a dechreuwch deipio.
3) **SYMUD** testun trwy ddefnyddio **torri a gludo**, neu **amlygwch** ef a'i **lusgo**.
4) **AILADRODD** testun. Defnyddiwch **copïo a gludo**.

Rhaid i mi beidio â mynd i gysgu yn ystod y wers
Rhaid i mi beidio â mynd i gysgu yn ystod y wers
Rhaid i mi beidio â mynd i gysgu yn ystod y wers
Rhaid i mi beidio â mynd i gysgu yn ystod y wers
Rhaid i mi beidio â mynd i gysgu yn ystod y wers
Rhaid i mi beidio â mynd i gysgu yn ystod y wers
Rhaid i mi beidio â mynd i gysgu yn ystod y wers

Awgrym: Y tro nesaf y cewch 200 llinell, defnyddiwch brosesydd geiriau gyda chopïo a gludo i arbed amser

DYSGWCH BOB UN O'R RHAIN

TORRI – CTRL X
COPÏO – CTRL C
GLUDO – CTRL V
DADWNEUD – CTRL Z

Mae **torri a gludo** a **copïo a gludo** yn gweithio gyda phob rhaglen, nid yn unig gyda phrosesyddion geiriau. Byddwch yn eu defnyddio **drwy'r amser** felly dysgwch y rheolau hyn.

O ie, rwyf wedi ychwanegu '**DADWNEUD**' ar y diwedd hefyd.

STORI WIR AM DDADWNEUD: Gwnaeth ffrind i mi yrru ei gar yn syth i goeden. Trwy lwc, chafodd ef ddim anaf, a'r peth cyntaf a ddywedodd ar ôl dod allan o'r car oedd "Ctrl Z"! Mae hynny'n siŵr o fod yn well na rhegi.

Onid ydych chi wedi cael modd i fyw gyda'r dudalen hon?

Rhowch gynnig ar bopeth ar y dudalen hon (ac eithrio gyrru car i goeden). Gydag amser fe ddewch yn gyfarwydd a nhw, a byddant yn arbed tipyn o amser i chi.

Hanfodion Prosesu Geiriau

Unwaith mae'r geiriau'n gywir, mae llawer y gellwch ei wneud i wella golwg y testun.

Pedair ffordd o newid golwg eich testun

1) **NEWID Y FFONT** Ffont yw'r enw ar arddull y llythrennau. Mae angen i chi ddewis un sy'n gweddu i'r math o ddogfen rydych chi'n ei gynhyrchu.

   Hufen iâ   Hufen iâ   *Hufen iâ*   Hufen iâ   **Hufen iâ**   ← Mae'n gas gen i weld y ffont hwn.

2) **NEWID MAINT Y TESTUN** Mae modd tynnu sylw at benawdau ac is-benawdau trwy eu gwneud yn fwy. Gall y rhan fwyaf o bobl ddarllen maint ffont rhwng 10 a 12 pwynt yn hawdd (mae'r testun hwn mewn 12 pwynt). Ond gallai fod angen defnyddio ffont mwy o faint ar blant a phobl ag anawsterau darllen.

3) **AMLYGU'R TESTUN** – er mwyn tynnu sylw ato. Mae pedair ffordd o wneud hyn:
   (i) **teip trwm**, (ii) *italig*, (iii) tanlinellu, (iv) lliw.

4) **BWLEDI A RHIFAU** – mae modd eu defnyddio mewn rhestri a phwyntiau allweddol. Bydd y cyfrifiadur yn eu defnyddio'n awtomatig nes i chi ddweud wrtho am beidio.

Tair ffordd o leoli eich testun

1. **MEWNOLI** Defnyddiwch y fysell tab i fewnoli llinell o destun. Neu gallwch fewnoli paragraffau cyfan er mwyn tynnu sylw atyn nhw.

2. **ALINIO AC UNIONI**

   | Fel arfer, mae testun wedi'i alinio i'r chwith fel y testun hwn. Bla bla bla bla bla blabla blbalblbla. bla bla bla blblbla bla bla. | Mae'r testun hwn wedi'i alinio i'r dde. Weithiau defnyddir testun sydd wedi'i alinio i'r dde ar gyfer cyfeiriadau ar ben llythyron. | Mae'r testun hwn wedi'i alinio i'r canol. Bla bla bla bla blabla blbalblbla. bla bla blblbla bla bla burp bla bla. a bla blblbla bla bla. | Mae'r testun hwn wedi'i unioni fel bod pob llinell lawn yn union yr un hyd. Bla bloo bloap bling blay. |

3. **BYLCHIAD LLINELLAU** – mae bylchiad llinellau yn newid y bwlch rhwng llinellau o destun. Mae bylchiad llinell ddwbl yn llawer haws ei ddarllen na bylchiad llinell sengl – ond mae'n defnyddio llawer mwy o bapur.

Defnyddio'r bar offer fformatio...

Mae gan bob prosesydd geiriau gwerth ei halen far offer fformatio fel hwn.
Mae modd i chi wneud bron y cyfan o'ch fformatio yma.

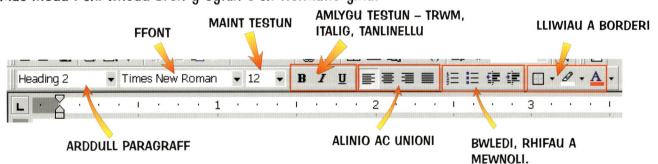

Bydd y bar offer fformatio bob amser ar gael i chi...

Bydd rhaid i chi fod yn hollol gyfarwydd a'r bar offer fformatio. Dyma'r ffordd i'r nefoedd fformatio testun. Ond peidiwch â mynd dros ben llestri a defnyddio'r holl giamocs sydd arno rhag i chi ddrysu eich cynulleidfa. Cadwch eich dogfen yn syml. *Dyna fy nghynger innau, beth bynnag.*

Prosesu Geiriau – Nodweddion Uwch

Ar y ddewislen heno mae gennym ni dablau, colofnau, penawdau, troedynnau a gwirwyr sillafu.

Gall Tablau, Borderi a Cholofnau Wneud y Ddogfen yn Haws ei Darllen

1) Mae tablau yn ffordd hwylus o gyflwyno rhestri o wybodaeth mewn rhifau neu destun, e.e. rhestri o enwau a chyfeiriadau.

2) Gallwch roi borderi o gwmpas tablau, lluniau neu flociau o destun. Gall hyn wneud darllen y ddogfen yn fwy hwylus am fod gwybodaeth mewn darnau yn gliriach.

3) Mae modd creu colofnau fel bod y testun yn llifo i lawr y dudalen ac yn neidio'n awtomatig i'r golofn nesaf. Mae hyn yn wych ar gyfer papurau newydd, er enghraifft.

Newyddion Wythnosol Prosesu Geiriau

Cafodd teipyddion ledled y wlad eu synnu ddoe i glywed bod modd trefnu testun yn awtomatig mewn colofnau. "Rwyf wedi fy syfrdanu," meddai Wali Tomos, 38 oed. "Os bydd prosesyddion geiriau yn dal i ddatblygu fel hyn, yna byddaf i'n cael fy nghadw ar yr ymylon." Dywedodd Colofn Ardalydd Môn nad oedd "a wnelo dim â ni."

Mae Penawdau a Throedynnau yn Ddefnyddiol mewn Dogfennau Amldudalen

Darnau bach o wybodaeth, sy'n mynd ar ben ac ar waelod pob tudalen yw penawdau a throedynnau. Fel arfer, pethau fel dyddiad, enw ffeil a rhif y dudalen ydyn nhw.

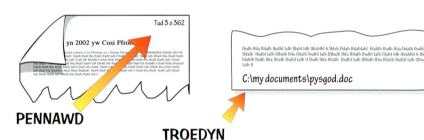

PENNAWD **TROEDYN**

Defnyddiwch benawdau mewn dogfennau amldudalen.

Y peth da amdanyn nhw yw y gwnaiff y cyfrifiadur osod yr un cywir yn awtomatig ar bob tudalen unwaith y byddwch chi wedi dweud wrtho beth ydych chi am iddo'i wneud. Mae hyn yn ddefnyddiol dros ben ar gyfer pethau fel rhifau tudalennau ac ati.

Gall Prosesyddion geiriau Wirio eich Sillafu

1) Mae gwiriwr sillafu yn mynd trwy'r ddogfen gan nodi unrhyw eiriau sydd ddim yn ei eiriadur.

2) Mae gwiriwr sillafu fel arfer yn nodi dau fath o gamgymeriad:
   - geiriau sydd wedi'u camsillafu e.e. cyfryfiadur yn lle cyfrifiadur
   - gwallau teipio ('teipos')
     e.e. pan fyddwch yn pwyso'r bysell anghywir.

3) Pan ddaw'r gwiriwr sillafu o hyd i air sydd wedi'i gamsillafu, mae'n ceisio dyfalu beth oeddech chi wedi bwriadu ei deipio, ac yn cynnig dewis o eiriau posibl. Nid yw'n gywir bob tro, ond fel arfer mae'n eithaf da.

Mae'n gas gen i'r clip papur. Pam nad aiff ef o 'ma?

Dyma un nodwedd prosesydd geiriau arbennig nad ydwyf wedi sôn amdano. Gall droi person addfwyn yn hollol wallgof. Dyma fe.

On'd yw e'n annwyl?

Prosesu Geiriau – Nodweddion Uwch

Ac i **bwdin** mae gennym ni batrymluniau, postgyfuno a mewnforio gwybodaeth o raglenni eraill. Wedi cael llond bol yn barod. **Tyrd 'mlaen**, rho gynnig ar batrymlun. Beth **bach iawn** yw e.

Creu Patrymluniau ar gyfer Dogfennau Safonol

1) Mae patrymluniau yn ddogfennau safonol sydd wedi'u cynllunio at ddiben penodol. Maen nhw'n arbed llawer iawn o amser am fod y gosodiad a'r fformat yno eisoes – dim ond ychwanegu'r testun sydd angen i chi.

2) Mae pecynnau prosesu geiriau yn dod gyda dewis o batrymluniau at wahanol ddibenion e.e. llythyron, nodiadau, adroddiadau, CV, newyddlenni, amlenni.

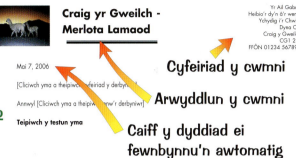

Defnyddio Postgyfuno i Anfon Llythyron sydd wedi'u Personoli

Mae postgyfuno yn eich helpu i anfon llythyron sydd wedi'u personoli, trwy gyfuno llythyr safonol gyda gwybodaeth mewn cronfa ddata. Maen nhw'n arbed llawer iawn o amser i glybiau a busnesau. Er mwyn eu defnyddio, rhaid dilyn tri cham:

1) Llunio cronfa ddata sy'n cynnwys y wybodaeth y bydd angen ei dangos yn y llythyr sydd wedi'i bersonoli.

2) Llunio llythyr safonol sy'n cynnwys codau, sydd fel arfer wedi'u seilio ar yr enwau maes yn y gronfa ddata, e.e. Annwyl <Cyfenw> lle mae 'Cyfenw' yn faes yn y gronfa ddata.

3) Caiff y llythyr safonol ei gysylltu â'r gronfa ddata, a bydd meddalwedd yn cyfuno'r data trwy fewnosod pob cofnod cronfa ddata yn ei dro yn y llythyr. Os oes 1000 o enwau yn y gronfa ddata, yna fe gewch 1000 o lythyron sydd wedi'u personoli – a bydd pob un ohonyn nhw'n cyfarch y darllenwr wrth ei gyfenw.

Mae Siôn yn defnyddio postgyfuno i anfon llythyron caru at ei gariadon.

Mewnforio Gwybodaeth o Raglenni Eraill

1) Ystyr mewnforio yw ychwanegu rhywbeth sydd wedi'i greu mewn cymhwysiad meddalwedd gwahanol. Mae cliplun yn enghraifft dda.

2) Pan fyddwch yn mewnforio rhywbeth, mae'n wrthrych ar wahân y mae modd i chi ei symud o gwmpas a'i ailfeintio. Ond fedrwch chi ddim ei olygu – rhaid mynd nôl at y rhaglen wreiddiol i wneud hynny.

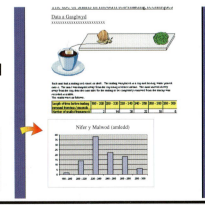

> Rwyf wedi glynu (mewnforio) graff o raglen taenlenni i ddogfen prosesu geiriau. Gallaf ei symud a newid ei faint, ond i newid y graff rhaid i mi ei agor yn y rhaglen taenlenni wreiddiol.

Mae'r tamaid sydd ar waelod y dudalen hon yn bwysig iawn

Y ffordd orau o ddeall yr holl nodweddion hyn yw trwy roi cynnig arnyn nhw. Yna, byddwch chi'n sylweddoli nad ydyn nhw'n rhy anodd. Mae postgyfuno yn swnio'n anodd iawn, ond, ar fy llw, nid yw'n anodd o gwbl. Rhowch gynnig arno.

Adran 4 – Meddalwedd Prosesu Testun a Delweddau

Graffeg – Creu Delweddau

Mae modd llunio delweddau syml trwy defnyddio prosesydd geiriau.
Ond ar gyfer graffeg deniadol bydd angen i chi ddefnyddio meddalwedd graffeg.

Caiff Delweddau eu Storio naill ai fel Data Didfap neu fel Data Fector

Mae dau fath o feddalwedd graffeg.

Modlen Didfap

MEDDALWEDD PAENTIO (meddalwedd seiliedig ar bicseli)
1) Caiff meddalwedd paentio ei ddefnyddio i olygu ddidfapiau – dyma ddelweddau a wnaed o gyfres o ddotiau lliw (picseli).
2) I olygu'r ddelwedd, rhaid newid pob dot yn unigol, er bod llawer o offer gwahanol ar gael i hwyluso hyn.

Modlen Fector

MEDDALWEDD ARLUNIO (meddalwedd seiliedig ar fectorau)
1) Caiff meddalwedd arlunio ei ddefnyddio ar gyfer creu a golygu graffeg fector. Mae pob delwedd yn gyfres o linellau a siapiau ar wahân (gwrthrychau).
2) Rydych yn newid y ddelwedd trwy olygu'r gwrthrychau hyn. Gallwch eu hymestyn, eu troi, eu lliwio ac yn y blaen, gyda chyfres o offer gwahanol.

Mae graffeg fector yn cael ei storio mewn ffordd wahanol i ddidfapiau, felly mae maint y ffeiliau'n llawer llai.

Mewnbynnu Delweddau gan Ddefnyddio Sganwyr a Chamerâu Digidol

Mae dwy brif ffordd o osod delweddau go iawn (e.e. ffotograffau) ar y cyfrifiadur.

1) Defnyddio sganiwr. Gallwch sganio ffotograffau, delweddau o lyfrau, lluniau, ac yn y blaen. Caiff y delweddau eu storio fel didfapiau, felly gall y ffeiliau fod yn fawr iawn (er bod modd eu trosi i fformatiau eraill, e.e. JPEG).

Ystyr cydraniad yw nifer y picseli (dotiau) sydd ym mhob delwedd

300 dot y fodfedd (dpi)   40 dot y fodfedd (dpi)

Mae manylder y llun yn gwella wrth i nifer y picseli gynyddu – ond bydd y ffeil yn fwy.

Didfap wedi'i gywasgu yw JPEG. Pan fyddwch chi'n trosi didfap yn JPEG caiff rhywfaint o ansawdd y llun ei golli, ond ni fyddwch yn sylwi ar hyn, e.e. gallai'r lliw newid ychydig. Gall cywasgu'r ddelwedd fel hyn leihau maint y ffeil yn sylweddol.

2) Defnyddio camera digidol. Wedyn gellwch lwytho'r ffotograffau i lawr i'r cyfrifiadur. Caiff ffotograffau digidol eu storio fel ffeiliau JPEG yn y lle cyntaf – sydd, fel arfer, yn llai na didfapiau, er y bydd maint y ffeil yn dibynnu ar lefel y cydraniad rydych wedi'i ddewis.

Mewnforio Delweddau Cliplun

1) Mae delweddau cliplun yn ffotograffau a graffigwaith y mae rhywun arall wedi'u creu, ond sydd ar gael i chi eu defnyddio. Mae rhai yn dod am ddim gyda phecynnau meddalwedd, ac mae modd prynu eraill ar CD-Rom.

2) Hefyd, gellwch gopïo delweddau oddi ar y Rhyngrwyd, ond rhaid i chi fod yn ofalus am fod hawlfraint ar lawer ohonyn nhw.

Byddwch yn ofalus rhag i chi ddod ar draws clipluniau tebyg i'r rhain o'r 80au.

Ie wir yr 80au... Angylion Stanli, Crys, Geraint Jarman... cerddoriaeth wych... ond am y gwallt!!

Ydych chi'n deall y gwahaniaeth rhwng meddalwedd paentio a meddalwedd arlunio? Ydych chi'n siŵr? Yn y bôn, gyda meddalwedd arlunio rydych chi'n defnyddio offer i dynnu lluniau sy'n cynnwys gwrthrychau ar wahân. Mae CorelDraw ac Adobe Illustrator yn becynnau arlunio da. Gyda meddalwedd paentio, rydych chi'n dechrau gyda delwedd didfap, ffotograff fel arfer, ac yn defnyddio offer i newid rhan o'r llun, neu'r llun cyfan (gweler t.26). Mae Adobe Photoshop a Corel Photopaint yn enghreifftiau o becynnau paentio da.

Graffeg – Newid y Delweddau

Mae meddalwedd graffeg yn newid yn gyflym – yn enwedig meddalwedd trin delweddau ar gyfer ffotograffau digidol. Ond, pa dechnoleg bynnag sy'n cael ei defnyddio, yr un yw'r egwyddorion. Dysgwch nhw.

Ailfeintio'r Gwrthrych – Ond Ceisiwch Beidio â'i Haflunio

1) Mae ailfeintio'r graffeg yn aml yn cael ei wneud ar ôl mewnforio delwedd i'r pecyn prosesu geiriau neu'r pecyn bwrddgyhoeddi (DTP).

2) Fel arfer, mae modd gwneud hyn trwy ddewis y graffeg yn gyntaf ac yna llusgo un o'r 'dolenni' – tuag allan er mwyn cynyddu maint y ddelwedd, ac i mewn er mwyn ei lleihau.

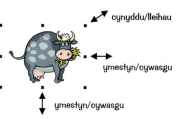

3) Rhaid cadw cyfrannedd y ddelwedd yr un fath â'r gwreiddiol – h.y. cadw"r siâp yr un peth. Oni bai eich bod yn gwneud hyn bydd y ddelwedd yn cael ei haflunio ac yn edrych yn od. Mewn llawer o raglenni gallwch wneud hyn trwy lusgo'r ddolen gornel. Mae'n syndod faint o ddelweddau mewn cylchgronau sydd wedi eu haflunio.

wedi'i ymestyn gormod...ŵps

Mae Tocio'n Cael Gwared â Darnau Diangen

1) Mae tocio yn cael gwared â darnau o'r ddelwedd nad oes eu hangen arnoch, e.e. rhywun ar ymyl y llun na ddylai fod yno.

2) Mae cael gwared â darnau o'r ddelwedd yn hawdd ac yn hwylus, er bod modd gwaredu ag ymylon cyfan yn unig – nid oes modd ei ddefnyddio i gael gwaredu â rhywbeth yng nghanol y graffeg. Mae gan y rhan fwyaf o feddalwedd graffeg offer ar wahân i wneud hyn.

Cylchdroi ac Ail-liwio Gwrthrychau

1) Mae modd cylchdroi delweddau nes eu bod ben i waered, neu eu troi tu chwith ymlaen. Neu gallech sythu Tŵr Pisa trwy gylchdroi delwedd ychydig bach.

2) Hefyd, mae modd ail-liwio delweddau – gellwch ail-liwio'r gwrthrychau gwahanol sy'n ffurfio graffeg fector. Gyda delweddau didfap, gallwch ddefnyddio chwistrell paent neu effeithiau lliw ar y ddelwedd (t.26).

Cafodd Modlen y fuwch un arall o'i breuddwydion od, lle roedd ei ffrindiau wedi'u hail-liwio a'u cylchdroi.

Grwpio Dau neu Ragor o Ddelweddau Gyda'i Gilydd

1) Os ydych chi eisiau defnyddio delwedd sydd ddim yn eich llyfrgell clipluniau – dafad ar gefn beic modur, er enghraifft – mae modd creu un trwy grwpio dwy ddelwedd sydd gennych eisoes fel bo'r ddafad yn ymddangos fel pe bai ar gefn y beic modur.

2) Mae modd i chi ddewis pa graffeg fydd ar flaen y ddelwedd, a pa un sydd yn y cefn – haenu yw'r enw am hyn.

Mae'r pecynnau hyn ar gael ymhobman erbyn hyn...
Mae sawl pecyn graffeg pwerus iawn ar gael erbyn hyn, ac os oes gennych ddigon o amynedd i ddysgu am yr holl bethau gallan nhw eu gwneud, byddwch chi'n gallu gwneud gwyrthiau. Wrth gwrs, dim ond pecyn syml fydd ei angen arnoch chi i wneud poster ar gyfer Parti Nadolig Blwyddyn 9.

Adran 4 – Meddalwedd Prosesu Testun a Delweddau

Golygu Delweddau Digidol

Mae modd defnyddio rhaglenni paentio megis Adobe Photoshop neu Corel Photopaint i olygu ffotograffau mewn ffyrdd diddorol iawn.

Newid y Disgleirdeb, y Cyferbyniad a'r Eglurder

Fel arfer, ni fydd angen i chi wneud fawr ddim â'ch ffotograffau. Ond weithiau gall ffotograffau sydd wedi'u sganio fod yn rhy dywyll, neu ychydig yn aneglur.

Mae'n hawdd datrys hyn trwy newid y disgleirdeb, y cyferbyniad a'r eglurder.

Mae Modd Gwneud Gwyrthiau gyda Hidlyddion

Mae modd newid golwg cyffredinol eich delwedd trwy ddefnyddio'r hidlyddion sy'n rhan o becynnau paentio. Dyma enghreifftiau i chi:

Lowri, fy lindysen

Delwedd wreiddiol

Hidlydd aflunio

Hidlydd lapio plastig

Hidlydd gwydr lliw

Hidlydd siarcol

Mae Arlliw yn Pennu'r Lliw

Mae newid gwerth yr arlliw yn newid y lliwiau yn y ddelwedd. Mae'r lluniau hyn o Lowri yn dangos yr effaith y gall newid gwerth yr arlliw ei chael.

Cydosod Darnau o Ddelweddau i Gynhyrchu Ffotograffau Ffug

Mae modd defnyddio meddalwedd paentio er mwyn altro delweddau. Ar ôl deall y dechneg, gellwch greu lluniau hynod ddiddorol.

Dyma lun o Heulwen yr hippo yn gyrru fy nghar. Wir yr... wel a dweud y gwir, fi greodd y llun gyda Photoshop.

Yn gyntaf, tynnais linell o gwmpas Heulwen gan ddefnyddio un o'r OFFER DEWIS, ac wedyn gwnes GOPI o'r rhan honno o'r ddelwedd. Wedyn glynais Heulwen ar lun o fy nghar.

Mae Heulwen ar wahanol HAEN i'r car, sy'n golygu y gallaf ei symud a'i hailfeintio heb effeithio ar ddelwedd y car. Mae ffenestr flaen y car ar haen dryloyw ar wahân y tu blaen i Heulwen.

Nawr gellwch fynd ati i greu'ch lluniau arbennig chi o Heulwen....

Dyma'r unig dudalen yn y llyfr hwn sydd yn fy ngwir gyffroi. Mae modd gwneud gwyrthiau gyda'r feddalwedd hon. Ewch ati i weld beth ellwch chi'i wneud. Un peth arall yr anghofiais ei ddweud wrthych yw bod modd defnyddio graddlwyd (du a gwyn) i newid delweddau er mwyn eu cynnwys mewn papurau newydd a llyfrau.

Bwrddgyhoeddi – Hanfodion

Mae'r rhan fwyaf o'r hyn a ddywedais am brosesu geiriau hefyd yn berthnasol i fwrddgyhoeddi (DTP). Ond mae bwrddgyhoeddi yn mynd ychydig ymhellach…

Gall DTP Greu Tudalennau Proffesiynol yr Olwg

Mae'n hawdd creu dogfennau proffesiynol yr olwg gyda DTP

1) Caiff meddalwedd bwrddgyhoeddi ei defnyddio i greu tudalennau proffesiynol yr olwg. Dyma'r feddalwedd sy'n cael ei defnyddio i gynhyrchu'r holl bapurau newydd, cylchgronau a llyfrau rydym yn eu darllen.

2) Ond does dim rhaid i chi fod yn arbenigwr er mwyn ei defnyddio – gydag ychydig o ymarfer gall unrhyw un gynhyrchu pethau fel posteri, taflenni a newyddlenni.

Fel arfer, mae Meddalwedd DTP wedi'i Seilio ar Fframiau

1) Mae pob tudalen yn cynnwys cyfres o fframiau – fframiau testun yn cynnwys testun, fframiau graffeg yn cynnwys delweddau, ac yn y blaen.

2) Mae modd symud ac ailfeintio fframiau. Felly mae modd golygu dogfen DTP yn hawdd iawn trwy symud lluniau neu flociau o destun o gwmpas. Hefyd, mae modd symud fframiau o dudalen i dudalen.

3) Mae DTP yn debyg i hysbysfwrdd – rydych chi'n symud darnau o wybodaeth o gwmpas nes eich bod yn fodlon â'r gosodiad cyffredinol.

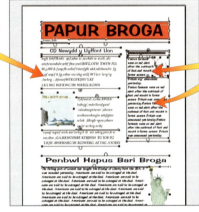

Mae pob bocs yn ffrâm.

Mae pob llun neu floc testun yn ffurfio'i ffrâm ei hun y gellwch ei llusgo o gwmpas heb amharu ar y lleill.

Nid yw prosesyddion geiriau wedi'u selio ar fframiau, felly nid oes modd i chi symud darnau o destun neu graffeg heb i weddill y ddogfen symud hefyd.

Os symudwch chi hwn…

…bydd hwn i gyd yn symud i gymryd ei le.

4) Fel arfer, mae meddalwedd DTP yn galluogi'r defnyddiwr i greu testun a lluniau syml – ond mae'n gweithio orau pan fydd y deunydd hwn yn cael ei greu gyda meddalwedd arbenigol arall (e.e. prosesydd geiriau neu becyn graffeg) cyn cael ei fewnforio i'r pecyn DTP.

Mae gan DTP Dair Prif Fantais

1) Mae modd i chi greu dogfennau proffesiynol iawn yr olwg – hyd yn oed gyda phecynnau DTP cymharol rad. Fodd bynnag mae ansawdd y ddogfen derfynol yn dibynnu ar ansawdd yr argraffydd.

2) Mae'n haws newid gosodiad y ddogfen gyda phecyn DTP na chyda phrosesydd geiriau.

3) Mae rheoli union gynnwys pob tudalen yn hawdd. Mae hyn yn anoddach gyda phrosesyddion geiriau, sy'n sgrolio testun yn awtomatig i'r dudalen nesaf.

Mae'r ffeithiau hyn yn ddiflas – dewch nôl a thudalen 26!!

Peidiwch â phoeni, nid yw tudalen 26 wedi diflannu am byth. Y peth da am DTP yw'r ffordd y mae'n cyfuno popeth. Mae DTP yn eich helpu i greu pob math o ddogfennau – posteri, cardiau, newyddlenni – sy'n rhoi cyfle bendigedig i chi ddangos y delweddau gwych a gynhyrchwyd ar dudalen 26.

Adran 4 – Meddalwedd Prosesu Testun a Delweddau

Bwrddgyhoeddi – Gweithio gyda Fframiau

Fframiau sy'n gwneud meddalwedd DTP yn fwy pwerus na phrosesydd geiriau ar gyfer rhai tasgau.

Pedwar Peth y Gellwch eu Gwneud gyda Ffrâm

1) EU GOSOD MEWN COLOFNAU – gall y rhan fwyaf o becynnau DTP osod canllawiau colofn neu ganllawiau (llinellau sy'n ymddangos ar y sgrin ond nid ar y ddogfen brintiedig) er mwyn eich helpu i roi'r fframiau yn y lle cywir. Mae hyn yn sicrhau dogfen daclus a gosodiad cyson.

2) CYSYLLTU FFRAMIAU TESTUN – fel bod unrhyw destun nad yw'n ymddangos yn y ffrâm destun gyntaf yn ymddangos yn awtomatig yn yr un nesaf. Mae modd cysylltu fframiau ar draws gwahanol dudalennau o'r un ddogfen – felly maen nhw'n ddefnyddiol os byddwch chi am barhau â stori ar dudalen arall. Mae'r ffrâm destun fawr hon...

...wedi'i chysylltu a'r un fach hon.

3) AMLAPIO TESTUN Mae modd amlapio'r testun o gwmpas llun, yn hytrach na bod y testun yn mynd dros ben y llun. Mae'r ffrâm hon o destun wedi cael ei hamlapio o gwmpas llun o ddafad yn gwau. (Ond mae'n gweithio gyda delweddau eraill hefyd – does dim rhaid i'r ddafad fod yn gwau.)

4) HAENU FFRAMIAU h.y. gosod ffrâm ar ben un arall. E.e. gallwch roi ychydig o destun ar ben llun. Cafodd y testun hwn ei osod ar ben llun o ddafad yn canu banjo.

Peidiwch â phoeni – mae'n gweithio gyda lluniau o ddefaid yn canu offerynnau eraill hefyd.

Mae Patrymluniau yn Arbed Amser Wrth Gynllunio Tudalennau

1) Mae Rheol Aur cynllunio tudalen dda yn wir am DTP yn ogystal â phrosesu geiriau – ystyriwch y darllenwr, a chadwch gynllun y dudalen yn syml.

2) Mae gan y rhan fwyaf o becynnau DTP lawer o wahanol batrymluniau. Maen nhw'n arbed amser ond, os nad ydych chi'n ofalus, gall dogfennau edrych yn debyg iawn i'w gilydd.

3) Bydd gan batrymlun ar gyfer papur newydd golofnau, fframiau testun a fframiau llun. Bydd y fframiau testun wedi'u fformatio gyda gwahanol ffontiau ar gyfer teitl, penawdau a phrif stori'r papur.

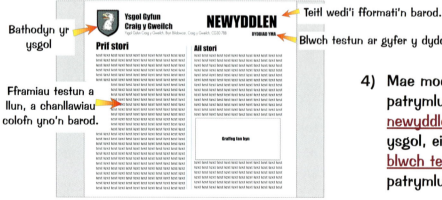

Bathodyn yr ysgol

Teitl wedi'i fformati'n barod.

Blwch testun ar gyfer y dyddiad.

Fframiau testun a llun, a chanllawiau colofn yno'n barod.

4) Mae modd i chi gynllunio'ch patrymluniau eich hun, e.e ar gyfer newyddlen yr ysgol. Gallech roi enw'r ysgol, ei chyfeiriad, ei bathodyn, a blwch testun ar ben tudalen gyntaf y patrymlun.

Bwrddgyhoeddi – DTP

Mae hwn yn lot o sbort. Gallech chi hyd yn oed gynhyrchu cylchgrawn ysgol gydag erthyglau diddorol am y clwb gwyddbwyll... a pheidiwch ag anghofio cynnwys lluniau o Eisteddfod yr Ysgol.

DTP – Cynhyrchu Papur Newydd

Diben mwyaf cyffredin Bwrddgyhoeddi (DTP) yw creu papurau newydd. Pan fydd y tîm newyddion wrthi'n paratoi tudalen, mae DTP yn eu galluogi i symud pethau o gwmpas – mae hyn yn bwysig iawn os bydd stori mawr yn datblygu ar y funud olaf

Mae'r Tîm Newyddion yn Cydweithio er mwyn Cwblhau'r Dasg

Mae aelodau'r tîm yn gwneud gwaith gwahanol, ond maen nhw i gyd am gyrraedd yr un nod – gorffen y papur mewn pryd.

1. Y GOHEBYDD yw'r un sy'n cael gafael ar y stori, yn gwneud yr ymchwil ac yn ysgrifennu'r erthyglau.
2. Wedyn, bydd yr erthyglau yn mynd at yr IS-OLYGYDD – mae is-olygyddion yn eu prawfddarllen ac yn gwirio'r ffeithiau. Wedyn, maen nhw'n trefnu erthyglau ar y tudalennau ac yn ysgrifennu pennawd i bob un.
3. Y FFOTOGRAFFYDD sy'n tynnu lluniau i ddarlunio'r storïau.
4. Y GOLYGYDD yw pennaeth pawb, ac ef/hi sy'n cadw golwg ar bopeth. Ef sy'n sicrhau bod pawb yn cydweithio er mwyn cael papur deniadol allan ar y strydoedd mewn da bryd.

Mae Papurau Newydd yn Hawlio ein Sylw gyda'u Gosodiad

Y 'RHAGDUDALEN'
Dyma'r brif stori – y stori fwyaf cyffrous. Mae'r pennawd bob amser mewn ffont bras, mawr sy'n cael y neges drosodd mewn ychydig o eiriau.

ISBENNAWD
Mae hwn yn crynhoi'r stori. Bydd yn pwysleisio agwedd fwyaf cyffrous y stori, er mwyn i chi ei darllen i'r diwedd.

GRAFFEG
Lluniau lliwgar a chlir, fel arfer, sy'n atgyfnerthu'r hyn sydd yn yr erthyglau. Y graffeg gorau yw'r rhai sy'n gallu adrodd y stori ar eu pen eu hunain.

LLINELL ENW
Enw'r gohebydd

RHANNU'N ADRANNAU
Mae tuedd i storïau newyddion fod ar flaen y papur, a storïau chwaraeon fod yn y cefn. Mae pethau eraill, megis cerddoriaeth ac adolygiadau ffilmiau yn dod yn y canol, neu weithiau mewn adrannau ar wahân.

PENAWDAU
Mae pob pennawd yn esbonio'r stori sy'n ei ddilyn – maen nhw'n ei gwneud yn haws i chi ddewis a dethol y rhannau o'r stori sydd o ddiddordeb i chi.

PRIF GORFF Y TESTUN
Caiff prif ran y stori bob amser ei threfnu mewn colofnau – mae nifer y colofnau'n dibynnu ar arddull tŷ'r papur. (gweler isod)

Mae Golwg Terfynol y Papur yn Dibynnu ar yr Arddull Tŷ

Mae gan bob papur ei arddull tŷ ei hun – y rheolau cynllunio ac ysgrifennu y bydd yr holl dîm yn ei dilyn. Mae tipyn o wahaniaeth rhwng golwg papurau bro a'r Western Mail neu'r Daily Post, er enghraifft. Mae arddull y tŷ yn gweddu i gynulleidfa'r papur. Mae'n cynnwys pethau fel y gosodiad a'r ffontiau a ddewisir, a'r dull o ysgrifennu – p'un ai ydych chi'n defnyddio geiriau a brawddegau syml neu rai hir. Mae dewis rhwng ysgrifennu ffurfiol neu anffurfiol.

Arddull y Tŷ – a dim sôn am Laurence Llewelyn Bowen yn unman, diolch i'r drefn.

Byddai cynhyrchu papur newydd yn anodd iawn oni bai bod y gwaith yn cael ei rannu rhwng nifer o bobl, a bod pawb yn dilyn yr un drefn o ran arddull. Mae penderfynu ar yr arddull tŷ yn sicrhau bod gwaith pawb yn plethu i'w gilydd, a bod cyhoeddiad proffesiynol yr olwg yn cael ei gynhyrchu.

Meddalwedd Cyflwyno

Caiff meddalwedd cyflwyno ei defnyddio mwyfwy gan bobl sy'n annerch cynulleidfa neu'n cyflwyno syniadau.

Mae Cyflwyniadau'n Cael eu Defnyddio i Gyfleu Gwybodaeth Newydd

1) Caiff cyflwyniadau eu defnyddio naill ai i gyfleu gwybodaeth newydd, neu i ddwyn perswâd ar bobl ynglyn â syniad newydd. Gallai athro ddefnyddio cyflwyniad wrth sôn am destun newydd mewn gwers, neu gallai cynrychiolydd cwmni ei ddefnyddio i berswadio pobl i brynu rhywbeth.

2) Gallan nhw fod yn ddiflas iawn weithiau – cynrychiolwyr cwmni, nid eich athrawon – yn enwedig os yw'r siaradwr yn mynd ymlaen ac ymlaen. Gall meddalwedd cyflwyno, sy'n defnyddio effeithiau amlgyfrwng ac animeiddio, wella'r cyflwyniad.

Mae Modd Rhoi Cyflwyniadau gyda Siaradwr neu hebddo

1) Mae siaradwr yn dangos sleidiau ar sgrîn yn ddull cyffredin o roi cyflwyniad. Gall y gynulleidfa ddarllen y wybodaeth ar y sgrîn tra bo'r siaradwr yn rhoi mwy o wybodaeth lafar.

2) Y dull arall yw rhoi cyflwyniad heb siaradwr. Rhaid i'r sleidiau fod yn ddigon da i gyfleu'r holl wybodaeth angenrheidiol ar eu pen eu hunain. Gall meddalwedd cyflwyno amlgyfrwng, sy'n cynnwys sylwebaeth sydd wedi'i recordio ymlaen llaw, fod o help.

Mae gan Feddalwedd Cyflwyno Bedair Prif Nodwedd

1) Mae meddalwedd cyflwyno'n creu cyfres o sleidiau mewn un ddogfen – ac mae pob sleid yn cynnwys nifer o fframiau (ychydig yn debyg i feddalwedd DTP). Mae hyn yn golygu bod modd rhoi testun a delweddau, yn ogystal â ffilmiau a sain, ar y sleid.

2) Y peth clyfar am feddalwedd cyflwyno yw bod y siaradwr yn gallu penderfynu pryd bydd pob ffrâm ar dudalen yn ymddangos – fel y gall pob pwynt bwled ymddangos ar y sgrîn ar yr adeg iawn.

3) Gall effeithiau animeiddio wneud i'r fframiau ymddangos ar y sgrîn mewn gwahanol ffyrdd – e.e. gall llinell o destun ymddangos fesul gair, neu gall y llinell gyfan hedfan i'w lle o'r naill ochr neu'r llall.

4) Mae modd gweithredu'r effeithiau animeiddio naill ai ar amseroedd penodedig (os na fydd siaradwr yn bresennol), neu mae modd i'r siaradwr eu rheoli wrth iddo/iddi siarad – wrth glicio llygoden neu bwyso botwm.

Cyflwyniadau cyn Dyddiau Meddalwedd Cyflwyno

1) Yn draddodiadol, roedd sleidiau wedi'u hysgrifennu â llaw neu wedi'u cynhyrchu ar brosesydd geiriau.

2) Yn anffodus, mae'n hawdd cymysgu trefn y sleidiau.

3) Problem arall oedd yr angen i'r siaradwr guddio gwybodaeth nad oedd y gynulleidfa i fod i'w gweld tan yn hwyrach yn y cyflwyniad.

4) Oni bai bod y siaradwr yn dda iawn, gallai'r cyflwyniadau ymddangos yn amhroffesiynol.

Os na ddysgwch chi unrhyw beth arall am gyflwyiadau, cofiwch hyn...

Dyma awgrym defnyddiol DROS BEN. Peidiwch, da chi, a'i anghofio. Ydych chi'n barod...
• COFIWCH BO

Meddalwedd Cyflwyno

Un peth yw cael meddalwedd glyfar er mwyn cynhyrchu sleidiau cyffrous – ond peth arall yw gwybod sut i ddefnyddio'r feddalwedd er mwyn rhoi cyflwyniad da. Gwnewch yn siŵr eich bod chi'n dysgu'r rheolau canlynol.

Cofiwch Reolau Rhoi Cyflwyniad Da

1) **PARATOI'N DRWYADL** – gwnewch yn siŵr eich bod chi'n hollol gyfarwydd â'r testun y byddwch chi'n ei gyflwyno. Y bwriad yw ceisio creu diddordeb yn eich cyflwyniad fel bod pobl eisiau gofyn cwestiynau – felly bydd angen yr atebion i gyd arnoch.

2) **PENDERFYNU AR FFORMAT** y cyflwyniad – A fyddwch chi'n rhoi'r cyflwyniad yn bersonol, neu ar ffurf ffeil cyfrifiadur?

3) **YSGRIFENNU SGRIPT** y cyflwyniad yn guntaf – ac yna penderfynwch sawl sleid fydd eu hangen er mwyn cyfleu prif bwyntiau'r neges i'r gynulleidfa. Dylai'r sleidiau grynhoi prif bwyntiau'ch cyflwyniad

4) **CADW'R SLEIDIAU'N SYML** – fel na fydd lliwiau'r cefndir yn gwneud deall y testun a'r lluniau'n anodd. Os yn bosib, defnyddiwch yr un cefndir, a ffontiau clir, ar gyfer pob sleid. Peidiwch â defnyddio mwy na dau lun ar bob sleid.

5) **DEFNYDDIO SLEIDIAU ARBENNIG I DDECHRAU AC I ORFFEN** y cyflwyniad – dechreuwch gyda sleid sy'n hoelio sylw'r gynulleidfa. Dylai'r sleid olaf grynhoi prif neges y cyflwyniad.

6) **PEIDIO Â RHOI GORMOD AR SLEID** – chwe gair i bob llinell fan bellaf, a dim mwy na phum llinell o destun ar sleid. Dylai maint y ffont fod yn ddigon mawr i bobl yng nghefn y gynulleidfa fedru ei ddarllen. Dylai rhwng **30** a **60** pwynt fod yn iawn.

7) **PEIDIO Â DEFNYDDIO GORMOD O SLEIDIAU** – os byddwch chi'n rhoi sylwebaeth, dylai pob sleid fod ar y sgrîn am tua dwy funud. Dim mwy na phum prif sleid felly mewn cyflwyniad deg munud.

8) **RHEDEG UNRHYW EFFEITHIAU ANIMEIDDIO** ymlaen llaw ar y caledwedd y byddwch chi'n ei ddefnyddio yn y cyflwyniad. Gall rhannau o ffilmiau redeg yn araf iawn ar rai systemau.

9) **YMARFER** – ac ymarfer eto.

Mae gan Feddalwedd Cyflwyno Fanteision ac Anfanteision

MANTEISION MEDDALWEDD CYFLWYNO

1. Mae'r cyflwyniadau yn edrych yn broffesiynol
2. Gall cyflwyniad amlgyfrwng gadw sylw pobl.
3. Mae modd cadw cyflwyniadau a'u defnyddio eto – gyda siaradwr yn bresennol neu beidio.
4. Mae golygu cyflwyniadau a'u haddasu ar gyfer cynulleidfaoedd gwahanol yn hawdd.

ANFANTEISION MEDDALWEDD CYFLWYNO

1. Mae'n hawdd iawn i chi fynd dros ben llestri gyda'r dechnoleg, a llunio sleidiau aneglur.
2. Mae gofyn cael caledwedd drud i redeg y meddalwedd – gall gliniadur a thaflunydd gostio miloedd.

Dyma dudalen olaf yr adran hon – hwrê...

Os ydych chi wedi dysgu'r naw rheol sydd ar y dudalen hon, rydych chi'n barod am eich cyflwyniad cyntaf. Ffwrdd â chi.

Crynodeb Adolygu Adran 4

Dyma dudalen <u>ddefnyddiol</u> dros ben, a allai sicrhau <u>swydd</u> i chi ryw ddydd. Pam? Wel, mae angen y sgiliau hyn ymhob swyddfa, ac mae disgyblion yn eu defnyddio ar gyfer projectau TGAU, Safon Uwch ac yn y brifysgol. Ac os ydych chi'n ddigon da gellwch altro ffotograffau, ychwanegu penawdau doniol, a'u rhoi ar grysau T i'ch ffrindiau. Dyna beth yw sgiliau defnyddiol.

1) Disgrifiwch ddwy ffordd o amlygu testun y byddwch chi am ei olygu.
2) Beth mae pwyso'r bysellau hyn yn ei wneud?
   a) CTRL X   b) CTRL Z   c) CTRL V   ch) CTRL C
3) Rhestrwch gymaint o ddulliau â phosibl o dynnu sylw at destun ar dudalen.
4) Beth mae "unioni" yn ei wneud? (yng nghyd-destun prosesu geiriau a bwrddgyhoeddi)
5) Nodwch dri pheth y gellwch eu gwneud gyda bar offer fformatio. (Gan bwyll nawr....)
6) Pam byddech chi eisiau defnyddio tabl i ddangos rhestri o ddata, yn hytrach na'u hysgrifennu mewn un llinell hir?
7) Pa rai o'r rhain y gallech eu rhoi mewn pennawd neu droedyn?
   a) dyddiad   b) amser   c) teitl   ch) eich rhif ffôn   d) llun ohonoch
8) Beth yw teipos?   a) gwallau sy'n cael eu gwneud wrth deipio
                     b) gwallau sy'n cael eu gwneud wrth dipio
9) Beth yw patrymlun?
10) Disgrifiwch sut mae postgyfuno yn gweithio.
11) Beth yw picsel?   a) dot bach lliw   b) creadur bach, tebyg i goblyn
12) Beth yw'r gwahaniaeth rhwng meddalwedd graffeg wedi'i seilio ar bicseli, a meddalwedd graffeg wedi'i seilio ar fectorau?
13) Beth yw JPEG?
14) Disgrifiwch y canlynol:
    a) tocio   b) grwpio   c) haenu
15) Rwyf wedi sganio ffotograff o Shane Williams, a hoffwn wneud y canlynol i'r ddelwedd. (Ticiwch y rhai posib.)
    - ☐ Goleuo'r llun
    - ☐ Rhoi gwallt glas iddo
    - ☐ Gwneud iddo ymddangos fel pe bai wedi'i lapio mewn plastig
    - ☐ Ei dynnu o'r cae rygbi a'i roi yng nghanol Cylch yr Orsedd
    - ☐ Ei ddangos yn sgorio cais (arall) tra'n canu "Hen Wlad fy Nhadau"
16) Ysgrifennwch draethawd bach am Fwrddgyhoeddi (DTP) – sut mae'n gweithio, a pham mae pawb yn ei ddefnyddio erbyn hyn.
17) Beth yw patrymlun? *   * Yng nghyd-destun DTP y tro hwn, ond mae'r egwyddor yr un fath, a gellwch "fenthyg" rhannau o'ch ateb i Gw.9.
18) Pwy yw'r pedwar prif berson mewn tîm newyddion?
19) Disgrifiwch bedwar dull y bydd papurau newydd yn eu defnyddio ar y dudalen flaen er mwyn tynnu sylw?
20) Rhestrwch dair nodwedd meddalwedd cyflwyno.
21) Rhestrwch y rheolau ar gyfer cyflwyniad da.
22) Cwestiwn ychwanegol: Beth yw "pwyntiau bwled sy'n hedfan".

Adran 4 — Meddalwedd Prosesu Testun a Delweddau

Adran 5 – Taenlenni a Chronfeydd Data

Taenlenni – Hanfodion

Yn y bôn, mae taenlenni'n bethau eithaf syml. Ond gallant wneud llawer o bethau defnyddiol iawn.

Mae Taenlenni yn Gyfrifianellau Clyfar

1) Mae taenlen yn rhaglen sy'n gallu dangos a phrosesu data mewn ffordd drefnus. Mae'r rhan fwyaf o bobl yn credu mai prosesu rhifau yn unig y gall taenlenni – ond gallant drin testun yn ogystal.

2) Gall taenlenni: a) gofnodi data, b) chwilio am eitemau penodol o ddata
c) gwneud cyfrifiadau, ch) cynhyrchu graffiau a siartiau.

3) Er enghraifft, gall taenlen gyfrif canlyniadau arholiad grŵp o ddisgyblion a hefyd gynhyrchu graffiau sydd wedi'u seilio ar ganlyniadau holiadur.

Caiff y Data ei Fewnbynnu i Gelloedd

1) Mae taenlen yn cynnwys rhesi a cholofnau. Mae'r rhain yn rhannu'r dudalen yn gelloedd unigol.

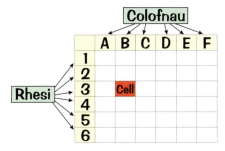

2) Mae modd adnabod pob cell trwy ddefnyddio'i chyfesurynnau – y llythyren ar ben pob colofn, a'r rhif wrth ochr pob rhes.

Mae'r gell goch yng Ngholofn B a Rhes 3 – ei chyfeirnod cell yw B3.

Gall Pob Cell Gynnwys Un o Dri Pheth

Gall pob cell gynnwys un (a dim ond un) o dri pheth…

1. *Data rhifiadol* - pethau fel rhifau, dyddiadau ac arian.

Mae'r rhan fwyaf o daenlenni'n adnabod dyddiadau ac arian, ac yn eu trawsnewid yn fformat addas – felly, os ydych yn mewnbynnu 23-6, caiff ei newid yn 23 Mehefin.

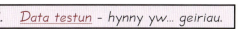

2. *Data testun* - hynny yw… geiriau.

Fel arfer, mae penawdau colofnau yn cynnwys testun.
Gallwch osod data testun yn nhrefn y wyddor.

3. *Fformiwlâu* - i gyfrifo cyfanswm colofnau a chyfartaleddau, ac ati.

Y peth gorau am daenlenni yw, os caiff unrhyw rifau eu newid, mae'r fformiwlâu'n cael eu newid yn awtomatig.

Rhaid cofio'r Rheol Aur – rhoi un darn o ddata yn unig mewn cell, a pheidiwch â chymysgu gwahanol fathau o ddata.

1) Os byddwch yn mewnbynnu pwysau fel '1000g' byddwch yn cymysgu data rhifiadol (1000) a data testun (g).

2) Bydd y daenlen yn trin cell gymysg fel hon fel pe bai'n cynnwys testun yn unig, sydd â gwerth rhifiadol o sero. Mae hyn yn golygu y bydd y daenlen yn darllen cell '1000g' fel pe bai ganddi werth rhifiadol o sero. O diar!

3) Dylech fewnbynnu '1000' – dyma ddata rhifiadol yn unig, sy'n gweithio'n wych.

(Yr eithriadau yw arian, lle mae'r daenlen yn gwybod bod gan £5 werth o 5.)

Rhowch gynnig ar daenlenni – maen nhw'n hwyl.

Cofiwch – rhifau, geiriau neu fformiwlâu – peidiwch â cymysgu popeth rywsut, rywsut.

Taenlenni – Fformiwlâu Syml

Heb fformiwlâu, dim ond tablau ffansi yw taenlenni. Fformiwlâu sy'n gwneud taenlenni mor ddefnyddiol.

Mae Fformiwla yn Rhaglen Gyfrifiadur Syml

1) Mae fformiwla yn dweud wrth y cyfrifiadur i brosesu data sydd mewn celloedd gwahanol – gan ddefnyddio ffwythiannau y gallwch eu teipio neu eu dewis o restr.
2) Y ffwythiannau symlaf yw +, –, * (lluosi) a / (rhannu), ond mae llawer o rai eraill fel arfer, e.e. i gyfrif cyfartaledd, neu sin ongl. Fel arfer, mae modd i chi eu dewis o restr.

Dilynwch y Tri Cham hyn...

Cam 1 – Cliciwch ar y gell lle rydych am weld yr ateb.

Cam 2 – Teipiwch hafalnod (=).
(Mae'r hafalnod yn dweud wrth y cyfrifiadur i ddisgwyl fformiwla.)

Cam 3 – Teipiwch y fformiwla.
C3+D3+E3 yn yr achos hwn.

	A	B	C	D	E	F
	Marciau Ffug Arholiadau Blwyddyn Un					
2	Enw Cyntaf	Cyfenw	Math	TGCh	Cym.	Cyf.
3	Elen	Huws	63	45	89	=C3+D3+E3
4	Medi	Pari	32	54	78	
5	Aled	Morgan	33	53	95	
6	Barri	Jones	24	54	75	
7	Hefin	Davies	64	53	88	

Gall Fformiwlâu Gael Cyfeirnodau Cell Absoliwt neu rai Cymharol

1) Yn yr enghraifft uchod, mae'r fformiwla yn F3 (=C3+D3+E3) yn dweud wrth y cyfrifiadur i adio'r data yn y tair cell i'r chwith.

2) Os gwnewch chi gopïo'r fformiwla hon i gell F4, mae'n dal i gyfrif cyfanswm y tair cell i'r chwith, felly mae F4 yn dod yn '=C4+D4+E4'. Gelwir y rhain yn gyfeirnodau cell perthynol – maen nhw'n defnyddio data o'r un lle mewn perthynas a'r gell ateb.

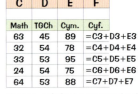

Bydd y cyfrifiadur yn newid pob 3 yn 4, 5, 6 a 7 pan fyddwch chi'n copïo a gludo cell F3.

3) Weithiau, mae gofyn i ran o'r fformiwla gyfeirio at un gell yn arbennig bob amser – dydych chi ddim eisiau i'r cyfrifiadur newid y cyfeirnod cell. Yn yr achos hwn, mae angen i chi ddefnyddio cyfeirnod cell absoliwt (neu gell clo) – un na fydd yn newid.

4) Y ffordd arferol o wneud cyfeirnod cell yn un absoliwt yw trwy roi'r arwydd doler ($) o flaen cyfesurynnau'r gell. Felly mae B12 yn gyfeirnod cell perthynol – ond mae B12 yn gyfeirnod cell absoliwt.

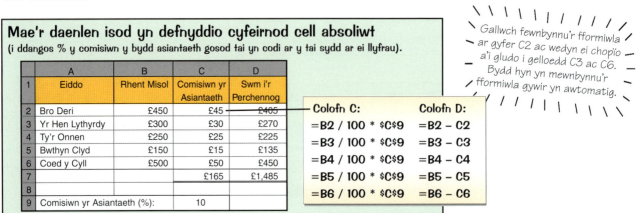

Gallwch fewnbynnu'r fformiwla ar gyfer C2 ac wedyn ei chopïo a'i gludo i gelloedd C3 ac C6. Bydd hyn yn mewnbynnu'r fformiwla gywir yn awtomatig.

Aaaaaaaaaaaaaah – Fformiwlâu

Mae fformiwlâu bob amser yn ymddangos yn gymhleth, ond dydyn nhw ddim. Gall rhaglenni fel Microsoft Excel wneud llawer yn awtomatig, gan adael ond ychydig o waith i chi.

Taenlenni – Graffiau a Siartiau

Mae graffiau a siartiau yn ffyrdd gwahanol o <u>gyfleu data</u> yn weledol.
(Maen nhw i gyd ychydig yn wahanol ond yr un yw'r syniad sylfaenol bob tro.)

Mae Creu Siart yn Hollol Syml...

Gall pob taenlen fodern gynhyrchu <u>graffiau</u> a <u>siartiau</u>.

1) Rhowch yr holl ddata y byddwch chi am ei ddangos mewn graff mewn <u>un bloc</u>. Mae'n well os yw'r data wedi'i drefnu'n <u>golofnau</u>.

2) <u>Amlygwch</u> y data rydych am ei ddefnyddio – efallai y bydd angen i chi amlygu <u>penawdau'r colofnau</u> hefyd.

3) Dewiswch y <u>math</u> o siart rydych ei angen.

4) Dewiswch <u>deitl</u> da i'r siart, a <u>labelwch</u> unrhyw echelinau.

5) Penderfynwch a fydd angen <u>allwedd</u> ar y siart.

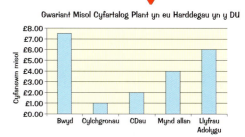

...ond Dewiswch y Math Gorau

Gall taenlenni greu llawer o wahanol fathau o graffiau. Mater o <u>chwaeth</u> bersonol yw'r dewis terfynol, ond mae yna <u>reolau pendant</u>, felly edrychwch ar hwn cyn gwneud eich dewis...

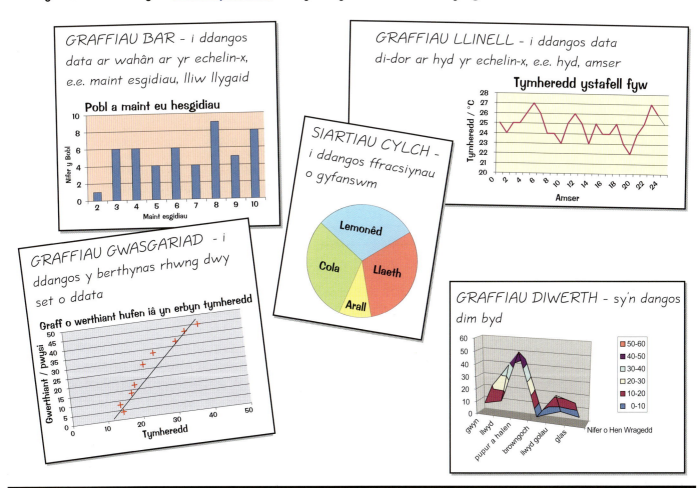

Graffiau a siartiau – maen nhw'n hawdd

Byddwch yn ofalus rhag dewis graff sy'n anaddas. Mae llawer ohonynt yn edrych yn wych ond, os nad oes neb yn eu deall, beth yw eu gwerth?

Efelychiadau a Modelau Taenlen

Mae taenlenni yn ddefnyddiol iawn ar gyfer modelu ac efelychiadau. Dyma pam.

Tri Rheswm pam mae Taenlenni'n Gwneud Modelau Da

1) Mae taenlenni'n defnyddio fformiwlâu i geisio disgrifio'r rheolau y bydd pethau yn y byd go iawn yn eu dilyn. Yna, gan ddefnyddio'r fformiwlâu hyn, mae modd prosesu'r gwerthoedd mewnbwn hyn i gynhyrchu gwerthoedd allbwn.

2) Gellir defnyddio taenlenni er mwyn gwneud dadansoddiad Beth Os. Mae modd i chi newid gwerthoedd mewnbwn er mwyn gweld yr effaith ar yr allbwn. E.e. gall cwmnïau ofyn cwestiwn megis, "Beth fyddai'r effaith ar yr elw pe bawn i'n buddsoddi hyn a hyn o arian mewn cerbydau newydd?"

3) Gall yr allbwn fod ar ffurf graffiau a siartiau, sy'n ei gwneud yn haws deall rhagfynegiadau o'r model.

Enghraifft 1 – Ciwiau mewn Ffreutur Ysgol

1) Gallai rheolwr ffreutur ysgol lunio model i gynrychioli'r berthynas rhwng nifer y disgyblion sydd am fwyta yn y ffreutur, nifer y staff a'r amser ciwio.

2) Gallai'r model gael ei ddefnyddio i gyfrif nifer y staff sydd eu hangen er mwyn cadw'r amser aros mor isel â phosib.

	A	B
1	Nifer y disgyblion	600
2	Nifer y staff	4
3	Amser cyfartalog i weini pryd (eiliadau)	20
4		
5	Cyfanswm yr amser gweini (munudau)	50

3) Y fformiwla yng nghell B5 yw =B1*(B3/60)/B2.

Mae hyn yn dweud:

$$\text{cyfanswm yr amser ciwio (mewn munudau)} = \frac{\text{nifer y disgyblion} \times \text{amser cyfartalog i weini pryd (mewn munudau)}}{\text{nifer y staff}}$$

4) Un gwendid y model yw ei fod yn cymryd yn ganiataol y byddai dyblu nifer y staff yn haneru'r amser – efallai na fyddai mor syml â hynny. Mae hefyd yn cymryd bod modd cael cynifer o staff ag a fynnwch – ond byddai cael 100 o staff yn achosi problemau amlwg...

Enghraifft 2 – Pizza Perffaith

1) Gallai busnes pizza lunio model i ddangos ei elw o werthu pizzas. Byddai'r perchennog yn mewnbynnu data i gelloedd B1 i B4, ac wedyn byddai'r model yn cyfrifo'r data yng nghelloedd B5 i B7

	A	B
1	Cost cynhyrchu pob pizza	£2.00
2	Costau eraill y busnes	£1,000
3	Pris gwerthu pob pizza	£6.00
4	Nifer y pizzas a werthir	500
5	Cyfanswm y costau	£2,000
6	Cyfanswm yr elw	£1,000
7	Elw am bob pizza	£2.00

=B2+(B1*B4)
=(B3*B4)-B5
=B6/B4

2) Gallai'r cwmni newid unrhyw un o'r newidynnau hyn er mwyn gweld ei effaith ar yr elw – e.e. darganfod effaith gostwng y gwerthiant i 400, a chynyddu'r costau cynhyrchu 50c y pizza.

3) Gallid ymestyn hyn i gael cyswllt uniongyrchol rhwng pris pizza a'r nifer a werthir.

Pwy fuasai'n meddwl y byddech yn dysgu am fodelu yn yr ysgol?

Gwnewch yn siŵr eich bod chi'n deall yr enghreifftiau ar y dudalen hon – wedyn, pan fydd rhaid i chi wneud un o'r rhain eich hunan, byddwch chi'n gwybod yn union beth i'w wneud. Oni fyddwch chi?

Cronfeydd Data

Cafodd y ffeithiau sylfaenol am gronfeydd data sylw yn yr adran ar storio data (tudalen 11). Edrychwch ar hwnnw unwaith eto cyn dechrau ar y dudalen hon.

Mae Cronfa Ddata yn Storfa o Ddata

Yn union fel defnyddio hosan i storio cath.

1) Mae confa ddata yn gasgliad trefnus o ddata.

2) Mae'r data wedi'i drefnu'n feysydd ac yn gofnodion.

3) Mae'r allwedd-faes yn cynnwys eitem o ddata sy'n unigryw i'r cofnod hwnnw – felly nid oes gan unrhyw gofnodion yr un gwerth yn yr allwedd-faes. Yma, y rhif cyflogres yw'r allwedd-faes.

Yn y tabl hwn, mae pob colofn yn faes gwahanol…

Allwedd-faes

...ac mae pob rhes yn gofnod

Eitem o ddata

Enw Cyntaf	Cyfenw	Adran	Rhif Cyflogres	Dyddiad Geni	Cyflog	Hoff Ffrwyth
Ceri	Grafu	Arlwyo	100345	26/09/64	£19,000	Eirin
Ann	Iben	Gwasanaethau Cwsmeriaid	100346	12/08/76	£15,000	Banana
Dai	Lwyde	Marchnata	100347	23/05/83	£18,000	Oren
Lyn	Dis	Gwerthiant	100348	30/03/77	£17,000	Mefus
Eli	Penelin	Cyllid	100349	22/05/79	£15,000	Banana
Nia	Nhw	Porthor	100350	06/11/80	£8,000	Ciwi

4) Mantais fawr cronfeydd data yw eich bod chi'n gallu eu chwilio yn gyflym er mwyn dod o hyd i ddata penodol, neu eu defnyddio i gynhyrchu adroddiadau – e.e. pa lyfrau mewn cronfa ddata cyhoeddwr sydd wedi gwerthu orau.

Mae'n Bwysig bod Meysydd wedi'u Trefnu'n Dda

1) Y cam cyntaf wrth greu cronfa ddata yw penderfynu pa feysydd sydd eu hangen. Ar ôl i chi benderfynu hynny, mae angen i bob maes gael enw, disgrifiad o'i gynnwys, math o ddata a fformat.

2) Mae'r math o ddata yn bwysig iawn, gan fod modd cyflawni prosesau gwahanol ar wahanol fathau o ddata. Mae'r mathau mwyaf cyffredin o ddata yn y blwch – mae'r rhan fwyaf o raglenni yn caniatáu eraill.

> **TESTUN** e.e. Banana
> **CYFANRIFAU** e.e. rhifau cyfan megis 25
> **RHIFAU REAL** e.e. 25.67
> **DYDDYADAU** e.e. 26-09-82 neu 26/09/82

3) Un ffordd o gwtogi ar faint ffeil y gronfa ddata yw codio. E.e. defnyddio 'G' a 'B' ar gyfer rhyw, yn hytrach na 'gwrywaidd' a 'benywaidd'. Mae hyn yn defnyddio llai o nodau, ac felly mae'n defnyddio llai o gof.

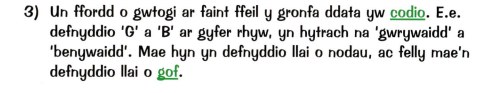

Cronfeydd Data – na, dal dim diddordeb…

O'r gorau, nid dyma'r testun mwyaf cyffrous yn y llyfr hwn, ond rhaid i chi ei ddysgu. Daliwch i wenu, ac ewch ati!

Crynodeb Adolygu Adran 5

Os byth y byddwch chi'n gweithio mewn swyddfa bydd rhaid i chi ddefnyddio taenlen rywbryd neu'i gilydd. Dydyn nhw ddim yn bethau anodd. Os fedrwch chi ateb y cwestiynau hyn byddwch chi wedi deall hanfodion taenlenni. Bant â chi.

1) Beth yw enw rhan leiaf taenlen?
   a) Celc   b) Cêl   c) Cell

2) Ym mha res y mae cell G14?

3) Sawl math gwahanol o ddata y dylid eu rhoi mewn un gell?

4) Pe baech chi am roi'r pellter 16,000 milltir mewn taenlen, beth ddylid ei deipio?

5) A yw C6 yn gyfeirnod cell absoliwt neu'n un perthynol?

6) Beth yw ystyr "cyfeirnod cell absoliwt"?

7) Pa mor hawdd yw creu siart mewn taenlen?
   a) Hawdd iawn   b) Hawdd iawn   c) Hawdd iawn

8) Dewiswch siart addas ar gyfer dangos y berthynas rhwng amser y dydd a'r tymheredd.

9) Rhowch enghraifft o'r math o beth y gallech ei ddangos ar siart cylch.

10) Beth yw ystyr "dadansoddiad Beth Os"?

11) Beth yw ystyr y fformiwla hon?: Ysgrifennwch hi mewn "mathemateg arferol", ac yna dyfalwch y gwerth a fydd yn ymddangos yng nghell C3.

	A	B	C	D	E
1	3	6	9		
2	4	8	12		
3					

    =A1*(B2 – A2)/C2

12) Pa fformiwla bydd Ffarmwr Ffowc yn ei rhoi yng nghell B5?

	A	B
1	Buwch	Pris gwerthu
2	Modlen	£48.26
3	Blodwen	£58.69
4	Sianco	£2.50
5	Cyfanswm yr Incwm	

13) Beth yw cronfa ddata?

14) Beth yw allwedd-faes?

15) Beth fyddai'r allwedd-faes mewn cronfa ddata sy'n rhestru gwybodaeth am wahanol lyfrau?

16) Sut gallwch chi gwtogi ar faint ffeil cronfa ddata?

Adran 6 - Y Rhyngrwyd

Hanfodion y Rhyngrwyd

Mae'r Rhyngrwyd yn dod yn fwyfwy pwysig drwy'r amser. Peidiwch â'i hanwybyddu.

Bydd angen Modem a Phorwr Gwe arnoch er mwyn mynd ar y Rhyngrwyd

1) Mae'r rhan fwyaf o bobl yn defnyddio Cyfrifiadur Personol (PC) a llinell ffôn arferol er mwyn cysylltu â'r Rhyngrwyd. Caiff y cyfrifiadur ei gysylltu â'r llinell ffôn trwy'r modem. Mae modem yn trawsnewid signalau cyfrifiadur yn signalau y gellir eu cludo dros linellau ffôn. (Mae hefyd yn trawsnewid signalau o'r llinell ffôn yn signalau y gall y cyfrifiadur eu deall.)

2) Er mwyn cysylltu a'r Rhyngrwyd, byddwch yn defnyddio eich modem i ddeialu cyfrifiadur sy'n eiddo i Ddarparwr Gwasanaeth Rhyngrwyd (ISP). Mae ISP yn gwmni sydd â'i gyfrifiaduron wedi'u cysylltu'n barhaol â'r Rhyngrwyd. Mae'r holl wybodaeth sy'n mynd o'ch PC chi yn mynd trwy gyfrifiadur yr ISP.

3) Y ddau fath pwysicaf o feddalwedd sydd eu hangen arnoch yw porwr gwe i ddangos tudalennau gwe, a chleient e-bost, sy'n anfon a derbyn e-bost.

Mae gan y Rhyngrwyd Ddwy Brif Ran

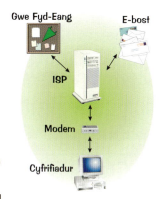

1) Y We Fyd-Eang (WWW) yw'r rhan sy'n cynnwys tudalennau gwe. Mae'n debyg i hysbysfwrdd anferth – bydd pobl yn rhoi pethau ar y We ac wedyn gall pobl eraill eu darllen.

2) Post Electronig (E-bost) yw'r rhan lle mae negeseuon yn cael eu hanfon o berson i berson – mae'n debyg i anfon llythyr, ond mae'n llawer cynt. (Trowch i dudalen 48 am ragor o wybodaeth am e-bost.)

Mae Angen i chi Wybod Llawer am y Rhyngrwyd

Gan fod y Rhyngrwyd yn bwysig iawn, dylech wybod tipyn amdani, yn enwedig y tri pheth hyn...

1) YMCHWIL

Hwyrach bod angen i chi wneud project hanes am Llywelyn Fawr, neu ddysgu am ffermio organig. Mae llawer iawn o wybodaeth ar y Rhyngrwyd, dim ond i chi wybod ymhle i gael hyd iddi.

Roedd dweud wrth y byd am rywbeth tipyn yn anoddach ers talwm.

2) LLUNIO TUDALEN WE

Er bod hyn yn swnio'n eithaf anodd, dydy e ddim. Meddyliwch, gallwch chi sôn am eich diddordebau wrth bawb arall yn y byd sydd ar y Rhyngrwyd.

3) DEFNYDDIO E-BOST

Mae hyn yn hawdd iawn, ac yn ddefnyddiol iawn. Ac nid oes angen i chi nôl stamp o'r swyddfa bost.

Crwydro'r we – heb fynd ar goll...

Mae'r Rhyngrwyd yn ymddangos yn gymhleth iawn. Mae'n fwy anodd na pharatoi brechdan, ond dim ond i chi dreulio ychydig o amser yn ei astudio, fydd yna ddim problem. Wir-yr...

Ymchwilio i Bwnc

Mae gofyn i chi ddod o hyd i ffeithiau am Yr Ariannin erbyn y wers ddaearyddiaeth nesaf. Peidiwch â phoeni, mae digonedd o wybodaeth ar gael.

Mae Gwybodaeth ar gael mewn Llyfrau, ar CD-ROMau ac ar y Rhyngrwyd

Dyma'r lleoedd amlwg i ddechrau chwilio am wybodaeth.

LLYFRAU	CD-ROMau	Y RHYNGRWYD
Mae lluniau symudol ar y Rhyngrwyd, ond does dim angen llawer o beiriannau drud arnoch i droi at lyfr, ac mae'n haws cario llyfr o gwmpas y lle.	Mae'r rhain yn cynnwys cymaint o wybodaeth ag sydd mewn llawer o lyfrau, ac nid oes perygl i'ch rhieni gwyno am y bil ffôn.	Mae'n cynnwys cymaint o wybodaeth â mynydd o lyfrau. Yn wir, gan fod cymaint o wybodaeth arni, gall ffeindio'r union wybodaeth rydych yn chwilio amdani fod yn anodd.

Defnyddio Peiriant Chwilio i Ddod o Hyd i Wybodaeth ar y Rhyngrwyd

Dyma'r ffordd fwyaf amlwg o ddechrau chwilio am wybodaeth ar y Rhyngrwyd. Mae peiriannau chwilio yn wefannau sy'n eich helpu i chwilio am wefannau eraill.

1) Fel arfer, byddwch yn teipio allweddair, a bydd y peiriant chwilio'n rhestru llawer o wefannau sy'n cynnwys yr allweddair hwnnw.

2) Gallwch wneud chwiliad cymhleth trwy ddefnyddio mwy nag un allweddair a'u cysylltu â'r geiriau A (AND) a NEU (OR).

Enghreifftiau o Beiriannau Chwilio Poblogaidd...
Google   Lycos
Yahoo   AltaVista
Ask Jeeves   Excite

Mae Gwahanol Beiriannau Chwilio yn cynhyrchu Gwahanol Ganlyniadau

1) Mae'r rhan fwyaf o beiriannau chwilio'n gweithio trwy storio allweddeiriau gwahanol wefannau. Fel arfer, wrth i chi chwilio, cewch restr o dudalennau gwe posib ('trawiadau') sy'n cynnwys eich allweddair.

2) Gall y rhestr o drawiadau fod yn hir iawn – ond bydd y peiriant chwilio yn eu dangos fesul 10 neu 20 fel arfer. Rhaid i chi glicio ar fotwm er mwyn gweld yr 20 nesaf, ac yn y blaen.

3) Ni fydd gan unrhyw beiriant chwilio ddata am bob gwefan – felly bydd gwahanol beiriannau chwilio yn cynhyrchu trawiadau gwahanol.

4) Felly, pan fyddwch yn chwilio am rywbeth, gwell defnyddio myw nag un peiriant chwilio.

Mae'r Rhestr o Drawiadau yn dweud Rhywbeth wrthych chi am Bob Tudalen

1) Mae'r rhestr o drawiadau o'r peiriant chwilio yn rhoi ychydig o fanylion am bob gwefan.
2) Fel arfer, cewch deitl y dudalen we, a disgrifiad byr o'r wefan.
3) Hefyd, fe welwch yr URL, sef cyfeiriad y wefan.

Enghraifft: http://www.caa.aber.co.uk/

Dyma URL tudalen hafan gwefan Y Ganolfan Astudiaethau Addysg yn Aberystwyth.

Rhaid i chi deipio'r URL yn ofalus iawn, gyda'r holl atalnodau yn y mannau cywir – neu ni fydd yn gweithio.

Trawiadau – byddech yn disgwyl cael y rhain ar ôl chwarae gêm rygbi neu hoci

Er bod y Rhyngrwyd yn newydd sbon ac yn gyffrous, nid yw'n well na llyfr hen ffasiwn. Yn aml, gall cyfeirio at wyddoniadur fod yn gynt.

Chwilio am Wybodaeth

Gallai rhestr o drawiadau gynnwys miliynau o wefannau, a gallai gymryd blynyddoedd i edrych ar bob un ohonynt. Mae angen i chi ddewis y rhai sy'n fwyaf tebygol o fod o werth i chi.

Dechreuwch ar Ben eich Rhestr o Drawiadau

Pan fyddwch chi'n chwilio'r Rhyngrwyd, mae'n syniad i chi ddilyn rhyw fath o system.

1) Edrychwch yn gyntaf ar fanylion rhif 1 ar eich rhestr, ac wedyn rhif 2, ac yn y blaen. Peidiwch ag edrych yn gyntaf ar rif 7, yna rhif 3, yna rhif 5 ac yn blaen – byddwch yn drysu.

2) Nid oes rhaid i chi ymweld â gwefan bob tro i wybod ei bod yn ddiwerth – gall edrych ar URL y dudalen roi syniad i chi.

3) Mae'r URL yn rhoi syniad i chi am bwy ysgrifennodd y dudalen, a gallai hyn fod yn ddigon i chi wybod na fydd o werth i chi.

Ogi-Ogi... Chwilio... *Chwiliad newydd*

Buoch yn chwilio am... Caerffili

Canlyniadau 1-10 o 81315

1. Castell Caerffili
   Dewch i ymweld â Chastell Caerffili
   www.castellcaerffili.co.uk

2. Caws Caerffili
   O am ddarn blasus o gaws
   www.caws.co.uk

Roeddwn am ddarganfod rhagor am gaws Caerffili, felly chwiliais am Gaerffili ar y peiriant chwilio hwn.
Mae'n eithaf amlwg na fydd y canlyniad cyntaf fawr o werth am ei fod yn sôn am Gastell Caerffili. Felly fydda i ddim yn trafferthu edrych arno.

Defnyddiwch y Botymau Nôl ac Ymlaen

1) Os bydd gwefan yn ymddangos fel y gallai fod yn ddefnyddiol, cliciwch ar y cyswllt i gael golwg iawn arni.

2) Gallai fod yn ddiwerth – os felly, gallwch glicio ar fotwm 'Nôl' eich porwr er mwyn mynd nôl i'r man lle roeddech chi gynt.

3) Mae'r botymau nôl ac ymlaen yn ddefnyddiol iawn – gallwch 'olrhain eich camau' i'r dudalen a welsoch ynghynt, ac wedyn, os ydych yn dymuno, gallwch symud ymlaen unwaith eto.

4) Ond os bydd y wefan yn un ddefnyddiol, hwyrach yr hoffech ddilyn yr hypergysylltau er mwyn dilyn trywydd eich syniad. Efallai y bydd pob cyswllt yn eich cyfeirio at dudalen we ddefnyddiol arall.

5) Mae hypergysylltau yn aml mewn glas ac wedi'u tanlinellu, ac, os ydych wedi'u dilyn o'r blaen, maen nhw fel arfer mewn lliw gwahanol (megis coch).

Mae hypergysylltau yn fannau ar dudalen we y gallwch glicio arnynt er mwyn mynd i rywle arall.

Mae'r pwyntydd yn newid yn llaw pan fyddwch yn ei roi dros hypergyswllt.

Mae Nodweddion Eraill gan Borwyr Gwe sy'n eich Helpu chi i We-lywio

FFEFRYNNAU (BOOKMARKS)

Gall porwyr gadw pob URL y byddwch yn eu defnyddio'n aml, fel na fydd rhaid i chi eu teipio – dyma'r 'dalennau cofnod' neu'r 'ffefrynnau'. Gallwch gadw ffefrynnau mewn grwpiau. Mae hyn yn ei gwneud yn haws i chi ffeindio'r un y byddwch ei eisiau – e.e. efallai y byddwch chi am roi'ch hoff wefannau caws gyda'i gilydd.

HANES

Bydd porwyr fel arfer yn cadw rhestr o bob gwefan y byddwch wedi ymweld â hi – dyma'r hanes. Os byddwch chi am fynd nôl i wefan, gallwch ddod o hyd i'r URL yn y rhestr hanes.

Hypergysylltau – defnyddiol iawn

Mae porwyr gwe yn ceisio hwyluso pethau i chi. Y ffordd orau o ddysgu sut i ddefnyddio porwr gwe yw darllen y dudalen hon, cael gafael ar gyfrifiadur, a rhoi cynnig arni.

Chwilio am Wybodaeth

Os bydd gan wefan wybodaeth y bydd ei heisiau arnoch, bydd angen i chi ei chadw er mwyn i chi fedru ei defnyddio'n ddiweddarach. Ond, yn gyntaf, mae angen i chi chwilio am y darnau diddorol hynny.

Dod o hyd i'r Darnau Diddorol

1) Os dowch o hyd i wefan a allai fod o werth i chi, gall fod yn syniad da i chwilio am fynegai, rhestr gynnwys neu fap safle.

2) Mae rhestr gynnwys neu fap safle yn dangos trefn y wefan – mae rhagor o wybodaeth am strwythur gwefannau ar dudalen 47.

3) Gallai fod angen i chi 'sganio' tudalen we sy'n edrych yn ddiddorol – ei darllen yn gyflym iawn er mwyn cael syniad bras o'i chynnwys.

4) Neu os oes gennych ddiddordeb mewn gwybodaeth am 'chwyn', hwyrach yr hoffech ddod o hyd i'r gair 'chwyn' ble bynnag mae'n ymddangos ar y dudalen.

5) Gallwch ddefnyddio'r opsiwn 'Chwilio' (Find) ar y porwr i wneud hyn – ewch at y ddewislen Golygu (Edit), a dylai fod yno.

Copïo a Gludo'r Wybodaeth y Byddwch chi am ei Chadw

1) Pan fyddwch chi'n dod ar draws darn diddorol o destun, neu lun da, hwyrach yr hoffech ei gadw.

2) Defnyddiwch y ddewislen Ffeil i gadw'r dudalen gyfan.

3) Yn lle cadw'r dudalen gyfan, neu ei hargraffu i gyd, gallwch gadw dim ond y darnau rydych eu hangen.

4) Amlygwch unrhyw destun y byddwch am ei gadw, yna copïwch ef a'i ludo i ddogfen brosesu geiriau. Mae gludo pob darn da mewn un ddogfen yn gyfleus iawn.

5) Os dowch o hyd i lun da, de-gliciwch arno – fe ddylech fedru ei gopïo a'i ludo i raglen graffeg (neu, efallai, i brosesydd geiriau).

Cadwch Gofnod o'r Hyn y Byddwch yn ei Ffeindio

1) Pan fyddwch yn cadw rhywbeth o'r We, mae'n well nodi'r URL lle cawsoch hyd iddo.

2) Yna, os byddwch yn ei ddefnyddio, mae modd dweud wrth bobl eraill ymhle y cawsoch afael arno. Fe fyddwch yn blant drwg os na wnewch chi hyn.

3) Y ffordd orau o gadw cofnod o ble y ffeindioch bethau yw trwy gopïo cyfeiriad y wefan o'r Bar Cyfeirio.

4) Gludwch y cyfeiriad o dan y wybodaeth a godwyd o'r dudalen honno.

Dyma'r Bar Cyfeirio. Mae modd torri'r URL oddi yma...

...a'i ludo mewn dogfen arall

Ffeindio'r darnau diddorol – prynwch lyfr arall...

Mae'n swnio'n amlwg, ond mae angen i chi gofio ymhle'n union y cawsoch hyd i'r ffaith ddiddorol honno am chwyn. Mae'n hawdd iawn anghofio gwneud hynny...

Ffeithiau a Barn

Gall unrhyw un roi gwybodaeth ar y Rhyngrwyd, ac mae hynny'n golygu bod llawer o'r wybodaeth sydd yno yn anwir. Ac os nad yw'n hollol anwir, mae siawns y gallai fod yn unochrog.

Mae Gwybodaeth Unochrog yn Cefnogi Safbwynt Penodol

1) Mae'r holl wybodaeth ar y Rhyngrwyd wedi'i hysgrifennu gan bobl (yn ôl pob tebyg). Mae hyn yn golygu y gallai'r wybodaeth fod yn 'unochrog'.

2) Mae gwybodaeth sy'n unochrog yn cefnogi safbwynt penodol heb fod yn hollol deg. Efallai y caiff rhai ffeithiau eu hanwybyddu am nad yw'r ysgrifennwr yn cytuno â nhw.

3) Bydd pobl yn aml yn honni bod barn unochrog yn ffaith, hyd yn oed pan nad yw hynny'n wir o gwbl. Rhaid i chi fod yn ofalus.

Mae Sawl Rheswm pam mae Pobl yn Unochrog

1) Mae llond trol o resymau pam y gallai person fod yn unochrog.

2) Gall rhywun ysgrifennu erthygl unochrog, neu ddarparu gwybodaeth unochrog, am eu bod yn cefnogi plaid wleidyddol benodol.

3) Neu efallai eu bod eisiau darbwyllo pobl eraill i gredu'r un peth â nhw – e.e. mae rhai pobl yn credu bod hela'r cadno yn greulon; mae eraill yn dweud nad yw.

4) Os bydd rhagor o bobl yn cefnogi eu safbwynt, mae'n fwy tebygol y bydd gwleidyddion a phobl eraill yn eu helpu nhw.

Mae Data Cynradd yn Cael ei Newid yn Ddata Eilaidd

1) Mae peth gwybodaeth ar y Rhyngrwyd yn ddata cynradd – mae hyn yn golygu na chafodd y canlyniadau eu 'dehongli' eto. Byddai darlleniadau o synwyryddion tymheredd mewn gwahanol fannau o gwmpas y byd yn enghraifft o hyn.

2) Mae pobl yn 'dehongli'r' data cynradd hwn – mae nhw'n ysgrifennu beth mae'r data yn ei ddweud, yn eu tyb nhw. Dyma ddata eilaidd, a dyma beth welwch ar y newyddion neu mewn papurau newydd fel arfer.

3) Yn aml, bydd gwahanol bobl yn dehongli data cynradd mewn gwahanol ffyrdd. Gallant honni bod yr un data yn dweud pethau hollol wahanol.

4) Er enghraifft, gall rhai pobl ddefnyddio data i ddweud bod y Ddaear yn cynhesu. Ond bydd eraill yn defnyddio'r un data i honni bod Oes Iâ arall ar y ffordd. Mae'r cwbl yn dibynnu ar ddehongliad - a thuedd.

5) Rhaid cadw golwg ar ystadegau – gallan nhw fod yn gamarweiniol iawn.

Mae'r rhan fwyaf ohonom ni'n unochrog...

Fydd neb yn cyfaddef eu bod yn unochrog, ond mae'n wir am bron pawb (heblaw amdanaf i, wrth gwrs). Felly, mae'n werth i chi ystyried a allai'r hyn rydych chi'n ei ddarllen fod yn unochrog.

Adran 6 – Y Rhyngrwyd

Cynllunio Tudalen We

Nid oes rhaid i chi ddarllen tudalennau gwe pobl eraill – mae'n ddigon hawdd creu un eich hunan...

Mae Gwefannau sydd wedi'u Cynllunio'n Dda yn dilyn Pum Rheol Aur

Mae angen i wefannau fod yn ddiddorol i'w darllen, yn union fel papur newydd neu lyfr. Ond mae angen i chi dalu sylw i ychydig o bethau eraill yn ogystal...

① **CLIR** — Gall cefndir lliw dymunol wella golwg y dudalen. Ond cadwch gefndiroedd yn syml, a dewiswch liwiau testun sy'n amlwg iawn yn erbyn y cefndir, fel bod y wybodaeth yn hawdd ei darllen.

② **SYML** — Cadwch y cynllun cyffredinol yn syml – a chadwch at osodiad tebyg ar bob tudalen, er mwyn gwneud gwe-lywio'n haws. Hefyd, mae angen gwneud pwrpas pob botwm yn glir.

③ **LLUNIAU** — Mae lluniau yn gwneud y dudalen we yn fwy diddorol. Ond peidiwch â defnyddio graffeg oni bai bod ei wir angen arnoch – gall gymryd amser hir i lwytho i lawr.

④ **CYSYLLTAU** — Peidiwch â defnyddio gormod o hypergysylltau. Ni ddylai gymryd mwy na thri chyswllt i fynd i unrhyw fan ar eich gwefan.

⑤ **FFONTIAU** — Mae'n well peidio â defnyddio gormod o wahanol ffontiau ar dudalen – mae'n edrych yn anniben. Defnyddiwch nifer fach o ffontiau, gan ddefnyddio print sy'n fwy neu'n drymach ar gyfer teitlau y mae angen tynnu sylw atynt.

Bydd gan Wahanol Bobl Ddiddordeb mewn Gwahanol Gysylltau

Dydy tudalennau gwe ddim yn debyg i lyfrau – rydych yn dechrau llyfr ar dudalen 1, ac yn darllen y tudalennau yn eu trefn nes i chi orffen y llyfr. Mae gan dudalennau gwe fotymau fel y gallwch ddewis beth rydych chi am ei ddarllen.

1) Gallwch gael llawer o fotymau neu hypergysylltau ar eich tudalen we, gyda phob un yn cysylltu â thudalennau gwahanol.

2) Mae hyn yn ddefnyddiol, gan fod gwahanol bobl yn ymddiddori mewn gwahanol bethau.

Edrychwch ar dudalen 47 am ragor o wybodaeth am gynllunio gwefan.

Y pum rheol aur
Rydych chi am i gynifer o bobl â phosib ddarllen eich tudalennau gwe, a'r ffordd o wneud hyn yw trwy sicrhau bod eich gwefan yn edrych yn dda, a'i bod mor hawdd â phosib ei darllen a'i defnyddio. Dyna beth mae'r gwefannau gorau yn ei wneud.

Creu Tudalen We

Mae'n well defnyddio meddalwedd bwrpasol cynllunio gwefan ar gyfer hyn – ond gallai prosesydd geiriau da wneud y tro. Beth bynnag a ddefnyddiwch, bydd yr hanfodion yr un fath.

Y pethau hawdd – Penawdau a Thestun

Os ydych yn defnyddio prosesydd geiriau i greu tudalen we, dim ond y nodweddion mwyaf sylfaenol y byddwch yn gallu eu defnyddio. Mae hyn oherwydd bod HTML (gweler tudalen 46) yn eithaf cyfyngedig.

Gallwch newid fformat paragraffau cyfan (trwy ddewis arddull i'r paragraff)...

...neu eiriau sydd wedi eu hamlygu yn unig.

Hefyd, mae ychydig o bethau hawdd eraill y gallwch eu gwneud – cliciwch ar y ddewislen Fformatio.

① Mae newid y cefndir mor syml â dewis lliw neu lun.

② Mae'n hawdd cynhyrchu gwahanol fathau o restri...

③ ...ac nid yw llinellau llorweddol yn broblem o gwbl – defnyddiwch y ddewislen Mewnosod.

Dyma bennawd bras
Dyma destun normal, felly mae ychydig yn llai
- Mae defnyddio pwyntiau bwled yn ffordd hawdd o wneud rhestr.
- Fel y rhestr hon.

1. Neu restr wedi'i rhifo.
2. Defnyddiwch y ddewislen Fformatio, neu'r botymau hyn.

Y pethau anoddach – Tablau a Lluniau

Tablau Oherwydd y ffordd y mae HTML yn gweithio, mae gosod pethau ar y sgrin yn aml yn gofyn am lunio tabl.

1) Dwi'n cynllunio gwefan am lysiau, a dwi am roi'r wybodaeth mewn colofnau.

2) Dwi ddim am i'r tabl ymddangos ar y sgrin – ond dyma'r ffordd hawsaf i gael popeth yn y lle cywir.

3) Wedyn gallaf wneud i'r llinellau ddiflannu.

Lluniau 1) Mae ychwanegu lluniau yn ddigon hawdd – cliciwch ar y botwm Delwedd.

2) Mae cael lluniau yn y lle cywir yn anodd ar y cychwyn. Ond mae'n hawdd pan fyddwch wedi dysgu'r gyfrinach – defnyddiwch dabl.

Defnyddiwch dablau i osod lluniau lle rydych chi am iddynt fod.

Gwahanol Fathau o Luniau – Lluniau GIF a Lluniau JPEG
- Y ddau brif fath o lun a ddefnyddir ar y Rhyngrwyd yw lluniau GIF a lluniau JPEG.
- Mae ffeiliau GIF yn well ar gyfer lluniau syml gydag ychydig o liwiau – fel arwyddluniau a darluniau llinell syml. Gall lluniau GIF gael darnau tryloyw hefyd, lle bydd lliw cefndir y dudalen we yn dangos trwodd.
- Mae ffeiliau JPEG yn well ar gyfer ffotograffau, oherwydd gallan nhw ddangos llawer mwy o liwiau na ffeil GIF.
- Er mwyn newid rhwng y ddau fath, agorwch eich graffigwaith mewn rhaglen graffeg, a chliciwch ar 'Cadw Fel' er mwyn ei newid i'r math arall.

Tudalennau gwe a thablau...
Mae tablau'n ddefnyddiol iawn pan fyddwch yn gwneud tudalen we. Os yw cynllunio eich tudalen we yn achosi problemau i chi, bydd tabl yn siŵr o fod o help. A gallwch gael gwared â'r llinellau wedyn.

Adran 6 - Y Rhyngrwyd

Creu Tudalen We – y Darnau Mwy Anodd

Pan fyddwch chi wedi syrffedu ar y tasgau hawdd gallwch droi at y pethau cymhleth – cysylltau ac animeiddiadau.

Gwneud cyswllt mewn Tri Cham Hawdd

Mae gwneud cyswllt â ffeiliau neu dudalennau gwe eraill yn golygu cymryd tri cham syml.

1) Yn gyntaf rhaid creu'r gair, y siâp neu'r llun rydych am ei ddefnyddio fel y botwm.

2) Yna, rhaid dewis y botwm a'i wneud yn gyswllt trwy glicio ar y botwm hypergyswllt.

3) Yn olaf, rhaid teipio cyfeiriad y dudalen rydych am gysylltu â hi yn y blwch 'URL'.

Creu Animeiddiadau – Cael Pethau i Symud

Mae'n eithaf hawdd creu ffeiliau GIF sydd wedi'u hanimeiddio. Maen nhw'n debyg i gartwnau – dangosir cyfres o luniau, y naill ar ôl y llall, yn gyflym iawn, fel ei bod yn ymddangos fel pe baent yn symud.

Mae pob ffrâm ychydig yn wahanol i'r ffrâm flaenorol.

1) Yn gyntaf, rhaid gwneud y lluniau unigol, sef y 'fframiau'. Gall y rhan fwyaf o raglenni graffeg gadw ffeiliau ar ffurf ffeiliau GIF (dyma beth sydd eu hangen yma).

2) Ar ôl i chi wneud yr holl wahanol fframiau, mae angen meddalwedd arbennig sy'n gallu eu cyfuno mewn 'cartwn' – gallai rhaglen graffeg dda gynnwys hyn yn barod.

3) Rydych chi'n dewis pa fframiau i'w cynnwys, eu trefn a'u cyflymder, a sawl gwaith rydych chi am i'r animeiddiad redeg.

4) Wedyn, bydd y rhaglen yn cynhyrchu'r GIF wedi'i hanimeiddio.

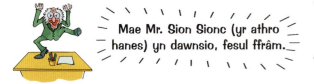

Mae Mr. Sion Sionc (yr athro hanes) yn dawnsio, fesul ffrâm.

Cyfaddawd rhwng maint y ffeil ac ansawdd y ddelwedd yw ffeiliau GIF sydd wedi'u hanimeiddio – mae ffeiliau llai yn well, ond nid yw eu hansawdd cystal. Os bydd angen delweddau gwell arnoch, bydd gofyn cynyddu maint y ffeil.

Caiff Popeth ei Drawsnewid yn HTML

HTML yw iaith y We Fyd Eang – ond mae'n gymhleth dros ben. Yn ffodus, gall meddalwedd cynllunio gwefan eich helpu i gynhyrchu tudalennau HTML heb ddeall unrhyw beth am HTML.

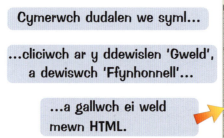

Cymerwch dudalen we syml...

...cliciwch ar y ddewislen 'Gweld', a dewiswch 'Ffynhonnell'...

...a gallwch ei weld mewn HTML.

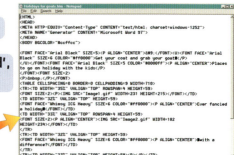

HTML – Hyll, Trwsgl, Manwl, Lol?

Mae HTML yn edrych yn anniben, ond rhaid i bob tudalen we fod mewn HTML. Ydy hyn yn broblem? Os oes gennych feddalwedd cynllunio gwefan, nac ydy. Bwriwch ati, a gadewch yr HTML i'r cyfrifiadur.

Adran 6 - Y Rhyngrwyd

Cynllunio Gwefan

Os gall pawb arall gael eu gwefan eu hunain, yna waethi chi gael un hefyd. Ond mae angen ystyried sawl peth cyn i chi ddechrau ysgrifennu tudalennau.

Defnyddiwch Siart Corryn i Drefnu eich Gwefan

Mae'r siart corryn hwn yn dangos pob tudalen yn fy ngwefan gyffrous newydd, a'r cysylltau sydd rhyngddynt.

1) Mae'n werth tynnu diagram fel hyn cyn i chi ddechrau ar unrhyw dudalennau.
2) Bydd yn eich helpu rhag drysu yn nes ymlaen.
3) Mae'n bosibl cael gwahanol strwythurau – dewiswch rywbeth sy'n addas i'ch gwefan chi.

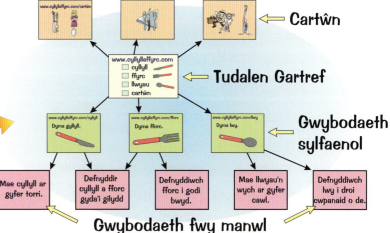

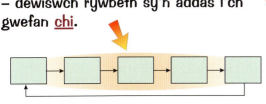

Peidiwch â Gwylltio Pobl

Gall pobl wylltio wrth weld pethau ar wefannau, felly mae'n rhaid i chi ofalu nad ydych chi'n gwneud dim byd amheus.

Ystyr Enllib yw dweud Celwyddau Niweidiol

1) Byddwch yn enllibio rhywun trwy gyhoeddi rhywbeth anwir adanynt, sy'n dwyn anfri arnynt.
2) Mae 'cyfreithiau enllib' yn bod er mwyn rhwystro pobl rhag gwneud hyn. Mae papurau newydd wedi'u dwyn gerbron llys, a'u gorfodi i dalu miloedd o bunnoedd am gyhoeddi pethau anwir am bobl.

Dangoswch barch tuag at bobl eraill

Os oes gan Siôn drwyn mawr nad yw'n hoff ohono, gallai weld o chwith pe baech chi'n gwneud gwefan o'r enw www.siôntrwynmawr.com. Ystyriwch yr hyn rydych yn ei ddweud.

Peidiwch â Chopïo Pethau a Dweud mai Chi a'u Hysgrifennodd

Drwg iawn.

Ystyr 'Llên-ladrad' yw Copïo

Llên-ladrad yw pan fyddwch chi'n copïo rhywbeth mae rhywun arall wedi ei ysgrifennu neu ei ddweud, gan ddweud mai chi a feddyliodd amdano gyntaf. Mae hyn yn ddrwg iawn. Mae'n debyg i gopïo gwaith cartref rhywun arall, ond yn waeth.

Rhowch Gydnabyddiaeth i Waith Pobl Eraill

1) Os ydych chi'n mynd i ddefnyddio gwaith rhywun arall ar eich gwefan, rhaid i chi gydnabod (h.y. dweud) mai nhw a'i ysgrifennodd gyntaf.
2) Mae hyn oherwydd mai nhw sy'n berchen yr hawlfraint ar yr hyn a ysgrifennwyd – h.y. nhw sydd 'berchen' yr hyn a ysgrifennwyd ganddynt.

Rhybudd...

Fe ddylai fod yn eithaf amlwg – peidiwch â gwylltio pobl, a pheidiwch â chopïo unrhyw beth, heb ei gydnabod. Os byddwch yn gwylltio'r person anghywir gallai fynd â chi i'r llys, a gallech orfod talu swm anferthol o arian. Gair i gall.

Adran 6 - Y Rhyngrwyd

E-Bost

Mae e-bost yn ddefnyddiol – dyna pam mae bron pawb yn ei ddefnyddio. Felly dyma reswm da dros ddysgu amdano, ddywedwn i.

Rhaid Dilyn Pum Cam Wrth Anfon E-Bost

Mae post electronig (e-bost) yn ffordd o anfon negeseuon (a dogfennau) o un cyfrifiadur at un arall. Gallwch hyd yn oed ddefnyddio rhai ffonau symudol, neu deledu digidol, i anfon e-bost.

CAM 1: Creu'r neges e.e. gan ddefnyddio prosesydd geiriau neu'r feddalwedd e-bost ar gyfrifiadur.

CAM 2: Cysylltu â'r Rhyngrwyd.

CAM 3: Pwyso'r botwm 'anfon'.

... yna bydd y peiriannau yn cymryd drosodd...

> Nid oes rhaid i chi gysylltu ag ISP arbennig er mwyn anfon a derbyn e-bost sy'n seiliedig ar y we. Does ond angen i ci fynd at wefan arbennig – hotmail, er enghraifft. Gydag e-bost o'r fath, rhaid dilyn cam 2 cyn cam 1.

CAM 4: Caiff y neges ei hanfon o Ddarparwr Gwasanaeth Rhyngrwyd (ISP) yr anfonwr i le arbennig yng nghof system gyfrifiadurol ISP y derbyniwr (y 'blwch post')

CAM 5: Yn diweddarach, bydd y derbyniwr yn cysylltu â'r Rhyngrwyd, yn agor eu cyfrif e-bost, yn canfod y neges newydd, ei llwytho i lawr ac yna'n ei darllen.

Cymerwch Ofal Wrth Agor Atodiadau

1) Mae'n bosib anfon ffeiliau – neu atodiadau – trwy e-bost hefyd. Er enghraifft, gallech e-bostio llun neu ffeil cerddoriaeth at ffrind.

2) Oni bai eich bod yn disgwyl derbyn atodiad, dylech fod yn ddrwgdybus o unrhyw atodiad. Mae'n hawdd cael firws o atodiad sydd wedi'i heintio. Sonnir am firysau ar dudalen 10.

3) Mae'n bosibl gweld atodiad heb ei lwytho i lawr yn gyfan gwbl, neu mae modd ei sganio gyda meddalwedd gwrth-firws cyn ei lwytho i lawr. Mae'r ddau yn lleihau'r perygl o ddal firws.

> Y rheol aur yw peidio byth ag agor atodiad oni bai eich bod yn gwybod pwy a'i anfonodd.

Manteision ac Anfanteision E-Bost

MANTEISION e-bost	ANFANTEISION e-bost
1) Mae'n gyflym – maent yn cyrraedd o fewn eiliadau; gall llythyron gymryd dyddiau.	1) Mae angen mynediad i'r Rhyngrwyd a chyfrifon e-bost ar yr anfonwr a hefyd y derbyniwr.
2) Mae'n rhad – mae negeseuon e-bost yn rhatach na llythyron a ffacsiau.	2) Os e-bost yn unig sydd ei angen, mae'r caledwedd a'r feddalwedd angenrheidiol yn ddrud.
3) Gellir anfon yr un neges at lawer o wahanol bobl – ac os rhowch chi'r cyfeiriadau mewn grwpiau, mae anfon neges at lawer o bobl yr un mor hawdd â'i hanfon at un person.	3) Os bydd un llythyren o'r cyfeiriad e-bost yn anghywir, ni chaiff y neges ei hanfon.
	4) Bydd y neges yn aros ym mlwch post y derbyniwr nes iddo edrych nesaf ar ei gyfrif e-bost.

Ewch amdani – anfonwch e-bost

Y ffordd orau o ddysgu am e-bostio yw trwy anfon negeseuon e-bost, nid trwy ddarllen llyfr ar y pwnc. Dyma esgus i chi ofyn am gyfeiriadau e-bost eich ffrindiau, ac anfon negeseuon hollol ddibwynt atynt.

Adran 6 - Y Rhyngrwyd

Llyfrau Cyfeiriadau

Yn yr un modd ag y byddwch yn cadw cyfeiriadau'ch ffrindiau mewn llyfr cyfeiriadau, gallwch gadw cyfeiriadau e-bost eich ffrindiau mewn llyfr cyfeiriadau e-bost. Mae'n ddefnyddiol iawn, ac yn hawdd ei ddefnyddio.

Rhestri o Gyfeiriadau E-bost yw Llyfrau Cyfeiriadau

1) Dyma fy llyfr cyfeiriadau e-bost.
2) Dim ond rhestr o gyfeiriadau e-bost ydyw.
3) Dyna fe – mor syml â hynny.

De-gliciwch i Ychwanegu Cyfeiriadau Newydd

Os bydd rhywun yn anfon e-bost atoch, efallai y byddwch chi am ychwanegu eu cyfeiriad e-bost yn eich llyfr cyfeiriadau. Yna, bydd modd i chi gysylltu â nhw rhywbryd eto.

1) Rwyf newydd dderbyn y neges hon oddi wrth Tony Baloney – ei gyfeiriad e-bost yw baloney@dearserve.co.uk.
2) Er mwyn ychwanegu ei enw at fy llyfr cyfeiriadau, gallaf dde-glicio ar y neges, a dewis 'Add sender to Address Book'.
3) Efallai y bydd meddalwedd e-bost arall yn gweithio ychydig yn wahanol, ond byddwch yn gallu gwneud yr un peth.

Gwneud Rhestri Dosbarthu gan ddefnyddio Grwpiau

Dywedwch eich bod am anfon un e-bost at yr holl bobl rydych yn eu hoffi, ac e-bost gwahanol at y bobl rydych yn eu casáu. Gallech deipio'r holl negeseuon e-bost ar wahân, ond mae yna ffordd haws.

1) Gallwch wneud dau Grŵp – un â'r enw 'Hoffi' a'r llall â'r enw 'Casáu'.
2) Bydd y grŵp 'Hoffi' yn cynnwys cyfeiriadau e-bost yr holl bobl rydych yn eu hoffi.
3) Ond, hefyd, mae gan 'Hoffi' ei gyfeiriad e-bost ei hun – gallwch anfon e-bost at 'Hoffi'.
4) Pan fyddwch yn anfon e-bost at 'Hoffi', bydd yr e-bost yn mynd at bawb yn y grŵp. Mae hyn yn golygu eich bod yn teipio e-bost unwaith, ond yn ei anfon at lawer o wahanol bobl.

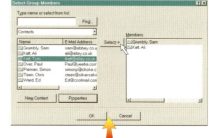

Dewiswch y cyfeiriad e-bost y byddwch chi am ei ychwanegu at y grŵp, a cliciwch ar 'Select'.

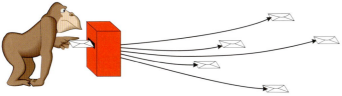

Fel hyn y bydd grwpiau'n gweithio – byddwch yn postio un llythyr ond fe fydd yn mynd at lawer o bobl.

Rhestri dosbarthu – yn ddefnyddiol adeg y Nadolig...

Mae'r dudalen hon mor hawdd â dod o hyd i das wair mewn tomen fawr o nodwyddau. Dim ond y darn bach am grwpio cyfeiriadau e-bost sydd hyd yn oed ychydig yn anodd. A dydy hynny ddim yn anodd. Peidiwch a chwyno!

Adran 6 - Y Rhyngrwyd

Crynodeb Adolygu Adran 6

Am adran ddiddorol! Ond mae'r cwestiynau ar ôl o hyd. Rhowch gynnig arnynt, ac os nad ydych yn gwybod yr ateb i ambell un, ewch nôl i'r dudalen briodol a dysgwch y ffeithiau eto. Pan fyddwch yn gallu ateb pob cwestiwn yn gywir byddwch yn gwybod eich bod wedi dysgu'r gwaith yn drwyadl.

1) Esboniwch pam mae angen modem i gysylltu â'r Rhyngrwyd.
2) Pam mae'r ddau fath canlynol o feddalwedd yn ddefnyddiol:
   a) porwr gwe   b) cleient e-bost.
3) Beth yw enwau dwy brif ran y Rhyngrwyd?
4) Disgrifiwch un dull o chwilio am wybodaeth ar y Rhyngrwyd.
5) Pam mae gwahanol beiriannau chwilio yn cynhyrchu gwahanol restri o drawiadau?
6) Beth yw URL?
7) Beth yw hypergyswllt, a beth mae'n ei wneud?
8) Esboniwch ddull cyflymach o ddangos tudalennau gwe rydych eisoes wedi ymweld â nhw.
9) Beth yw ffolder hanes?
   a) cynllun o Frwydr Hyddgen   b) gwaith cwrs hanes   c) cysylltau â gwefannau yr ymwelwyd â nhw yn ddiweddar
10) Disgrifiwch 3 pheth y gallech ddod o hyd iddynt ar wefan, a allai ddweud wrthych beth sydd ar y wefan honno.
11) Disgrifiwch un ffordd o sicrhau na fyddwch yn anghofio unrhyw wybodaeth ddiddorol y dewch chi o hyd iddi ar y Rhyngrwyd.
12) Beth yw gwybodaeth uhnochrog?
13) Esboniwch y gwahaniaeth rhwng data cynradd a data eilaidd?
14) Nodwch bum rheol cynllunio gwefan dda.
15) Disgrifiwch un ffordd o wneud gwefan yn ddefnyddiol i wahanol fathau o bobl.
16) Disgrifiwch un ffordd o wneud y gwaith o lunio tudalen we'n hawdd.
17) Beth yw'r ddau fath o lun a ddefnyddir ar y Rhyngrwyd? Beth yw'r gwahaniaeth rhyngddynt?
18) Disgrifiwch dri cham gwneud hypergyswllt.
19) Esboniwch sut i greu GIF wedi'i animeiddio.
20) Pa iaith raglennu a ddefnyddir i ysgrifennu tudalennau gwe?
21) Disgrifiwch un ffordd y gallech drefnu bod pob tudalen ar eich gwefan yn cysylltu â'i gilydd.
22) Beth yw ystyr: a) enllib   b) llên-ladrad   c) hawlfraint?
23) Esboniwch yn llawn sut i anfon e-bost, a sut gall y derbyniwr ei ddarllen.
24) Beth yw atodiadau? Disgrifiwch un broblem bosibl a all godi wrth agor atodiadau.
25) Esboniwch dair mantais a phedair anfantais defnyddio e-bost.
26) Beth yw llyfr cyfeiriadau e-bost?
27) Esboniwch pam mae 'grwpio' cyfeiriadau e-bost yn ddefnyddiol.

Adran 7 — Cyfrifiaduron yn y Byd Go Iawn

Cyfrifiaduron mewn Siopau

Mae'r adran hon yn trafod bron pob un o ddibenion TGCh sydd angen i chi wybod amdanynt. Ond cofiwch fod llawer mwy na hyn.

Mae Cod Bar yn Storio Gwybodaeth am y Cynnyrch

1) Dyma beth yw codau bar:  ← cod bar

2) Fe welwch godau bar ar y rhan fwyaf o gynhyrchion – megis tuniau o fwyd, labeli dillad, ac ar glawr cefn y llyfr hwn. Mae cod bar yn cynnwys manylion am y cynnyrch.

> Mae pob cod bar yn diweddu â digid gwirio, fel y gall y cyfrifiadur ddilysu cywirdeb y data.

3) Ystyr EPOS yw Pwynt Talu Electronig (Electronic Point of Sale) – dyma'r tiliau mewn archfarchnadoedd ac ati sy'n defnyddio'r dechnoleg ddiweddaraf. Caiff y cod bar ei sganio i'r system gan y sganiwr laser ar y til. Cysylltir hwn â system sganio'r siop, sy'n cofnodi pris y cynnyrch ar y pryd. Anfonir y pris nôl i'r til, sy'n prosesu ac yn argraffu bil a derbynneb y cwsmer.

darn clyfar iawn → Y peth **mwyaf clyfar** yw bod y cyfrifiadur wedyn yn **lleihau'r stoc** a gofnodir o'r cynnyrch. Pan fydd y stoc yn disgyn i swm a bennwyd rhag blaen – y lefel ailarchebu – anfonir archeb am ragor o stoc yn awtomatig i warws neu gyflenwr y siop. ← *darn clyfar iawn*

darn clyfar iawn, darn clyfar iawn, darn clyfar iawn, darn clyfar iawn, darn clyfar iawn, darn clyfar iawn, darn clyfar iawn

Mae Cardiau Debyd yn Lleihau'r Angen am Arian Parod

1) Mae modd i gwsmeriaid dalu wrth y rhan fwyaf o diliau trwy ddefnyddio cerdyn debyd yn hytrach nag arian parod. Dyma beth yw Trosglwyddo Cyfalaf Electronig yn y Pwynt Talu (EFTPOS – Electronic Funds Transfer at the Point of Sale).

2) Mae gan gerdyn debyd sglodyn bach ar ei flaen. Caiff ei osod mewn darllenydd arbennig sy'n dweud wrth y cyfrifiadur o ba gyfrif banc y daw'r arian.

Esgusodwch fi – a fydd hi'n iawn i mi dalu gyda cherdyn yma?

3) Mae'r sglodyn bach yn gallu storio Rhif Adnabod Personol [PIN] deiliad y cerdyn, ac mae'n rhaid iddo deipio hwn i beiriant ar y cownter er mwyn dilysu'r taliad. Y gobaith yw y bydd hwn yn lleihau twyll cerdyn.

"Popeth yn iawn Mr Huws. Diolch yn fawr."

4) Anfonir cais am y taliad yn awtomatig trwy'r rhwydwaith ffôn. Os yw'r cerdyn yn ddilys, caiff y taliad ei awdurdodi, a throsglwyddir yr arian o gyfrif y cwsmer i gyfrif y siop.

Os bydd angen arian parod arnoch, rhowch gynnig ar y Loteri...

Ond o ddifri, onid yw'r holl bethau sy'n digwydd pan fyddwn ni'n prynu nwyddau y dyddiau hyn yn rhyfedd? Faint ohonon ni sy'n ffwdanu meddwl amdanyn nhw?

Mwy o Gymwysiadau

Dyma ragor o enghreifftiau o ddibenion TGCh – gwnewch yn siŵr eich bod chi'n gwybod sut mae TGCh yn gweithio, a beth yw ei manteision

Mae Cardiau Ffyddlondeb yn Cofnodi'r hyn mae Pob Siopwr yn eu Prynu

1) Mae rhai siopau mawr, megis archfarchnadoedd, wedi cyflwyno cardiau ffyddlondeb. Mae'r rhain yn cynnwys manylion cwsmeriaid, a rhif eu cyfrif yn y cynllun ffyddlondeb. Caiff y cerdyn ffyddlondeb ei lusgo trwy beiriant pan fydd y cwsmer yn prynu rhywbeth, a bydd manylion y pryniant yn cael eu storio ar y system gyfrifiadurol.

2) Fel arfer, caiff y cwsmer ei 'wobrwyo', gyda gostyngiadau pris a thalebau, pan fydd yn gwario mwy na swm penodol o arian. Ond mae rheswm arall dros gardiau ffyddlondeb...

CYNNIG ARBENNIG
WIGIAU
50% YN YCHWANEGOL AM DDIM
DAW I BEN 25 EBRILL 2006

3) Mae cronfa ddata cwsmeriaid y siop wedi'i chysylltu â'r gronfa ddata cynhyrchion – gwerthiant trwy rif cyfrif y cynllun ffyddlondeb. Fel hyn y bydd y siop yn gwybod yn union beth mae pob cwsmer wedi'i brynu. Gallant ddefnyddio'r wybodaeth hon i stocio rhagor o nwyddau poblogaidd, ac anfon hysbysebion personol trwy'r post – e.e. sôn am CDau rhad wrth rywun sy'n prynu CD bob wythnos.

Ceir a Systemau Rheoli Traffig

1) Mae yna systemau rheoli meysydd parcio mewn rhai trefi a dinasoedd prysur, e.e. Caerdydd.
2) Defnyddir synwyryddion wrth fynedfeydd ac allanfeydd meysydd parcio i gyfrif sawl lle sydd ar ôl ym mhob maes parcio.
3) Anfonir y data hwn i arwyddion wrth ymyl ffyrdd cyfagos, sy'n gallu diweddaru'r wybodaeth y maent yn ei dangos ar unwaith. Mae hyn yn golygu na ddylai gyrwyr orfod gwastraffu amser yn gyrru i faes parcio sydd eisoes yn llawn.

CROESO I GAERDYDD
MAE POB LLE PARCIO YN LLAWN
EWCH I BARCIO YN LLOEGR

Mae Rhagolygu'r Tywydd yn Dibynnu ar TGCh y Dyddiau Hyn

1) Fel arfer, mae data meteorolegol, megis glawiad neu wasgedd aer, yn cael ei gasglu gan synwyryddion mewn system logio data awtomatig. Anfonir y data naill ai'n uniongyrchol i gyfrifiadur canolog, neu caiff ei storio yn y ddyfais logio data cyn cael ei lwytho i lawr

2) Prosesir y data i gynhyrchu map tywydd o'r ardal gan ddefnyddio system gwybodaeth ddaearyddol (GIS).

3) Mae modd defnyddio cyfres o ddelweddau, a gasglwyd ar wahanol adegau, i greu delwedd symudol o'r systemau tywydd. Gellir gwneud yr un peth gyda data a gesglir gan loeren tywydd.

4) Gellir bwydo data i fodel cyfrifiadurol o'r ffordd y bydd patrymau tywydd yn newid – er mwyn cael adroddiad tywydd mwy manwl. Wrth wneud hyn, gellir dadansoddi mwy o ddata na chyda system a reolir â llaw. Mae'r adroddiadau tywydd hefyd yn fwy manwl.

Trowch i dudalen 54 am ragor o wybodaeth am logio data

Mae hyn yn sicr yn well na chlywed Mam-gu yn dweud 'Mae fy mhen-glin yn boenus; mae'n mynd i fwrw glaw.'

Rwy'n cyfaddef nad cardiau ffyddlondeb yw'r pethau mwyaf cyffrous y byddwch yn sôn amdanynt heddiw, ond faint ohonoch chi sydd â cherdyn ffyddlondeb? Pam rydych chi'n meddwl mae siopau yn eu cynnig?

Mwy Fyth o Gymwysiadau

Mae cyfrifiaduron bron ymhobman y dyddiau hyn. Felly, dyma wybodaeth am ddau ddiben arall i gyfrifiaduron yn y byd go iawn.

Ciosgau Electronig sy'n Rhoi Gwybodaeth ac yn Gwerthu Tocynnau i Dwristiaid...

Mae ciosgau electronig yn dod yn boblogaidd – mae pethau fel peiriannau tocynnau yn eithaf cyffredin ond, hefyd, gwelir mannau gwybodaeth mewn amgueddfeydd, canolfannau croeso a gorsafoedd trên.

Mae dau brif fath:

1) PWYNT TALU

Mae hwn yn fath o beiriant gwerthu.

> E.e. peiriannau tocynnau mewn gorsafoedd a meysydd awyr – rydych yn mynd trwy'r dewisiadau nes cael y tocyn sydd ei angen arnoch. Wedyn, rydych yn rhoi arian i mewn, ac mae'n argraffu'ch tocyn. Mae'n hawdd.

2) MAN GWYBODAETH

Dyma ddyfais amlgyfrwng sy'n darparu gwybodaeth

> E.e. mae canolfannau croeso a gorsafoedd trên yn darparu gwybodaeth am atyniadau lleol i dwristiaid. Mae amgueddfeydd hefyd yn eu defnyddio i ddarparu gwybodaeth ychwanegol – 'mwy o hwyl i'r plant' medden nhw.

Esgusodwch fi cariad... Chi yn y coch... Pryd mae'r bws nesaf i Benygroes?

Gall y ciosgau hyn fod yn syml iawn neu'n gymhleth iawn – mae rhai yn dangos darnau fideo, a phethau tebyg eraill. Yn aml, maen nhw'n defnyddio technoleg sgrin gyffwrdd, lle mae'n rhaid i chi bwyso neu gyffwrdd â'r sgrin i wneud eich dewis.

Mae Diagramau Gantt yn Gwneud Rheoli Project yn Haws

1) Mae diagram Gantt yn fath o amserlen ar gyfer dyfalu faint o amser y bydd project yn ei gymryd.
2) Rhaid rhannu'r project yn dasgau penodol, a mewnbynnu faint o amser y bydd pob tasg yn ei gymryd.
3) Yr hyn sy'n dod allan (yr allbwn) yw amserlen sy'n edrych rhywbeth yn debyg i hyn:

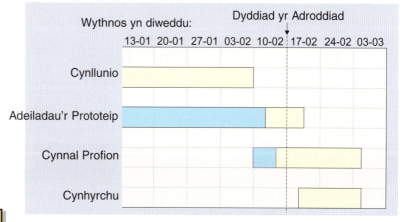

'Dd'wedais i y dylen ni fod wedi defnyddio'r siart hwn – roedd angen o leiaf 500 yn fwy o gaethweision arnon ni...

Fe Gantt lonydd gen i...

Ydy, mae hwn yn ddiflas, does dim pwynt dweud fel arall. Ewch i gwyno wrth rywun arall, a rhowch lonydd i mi.

Mesur – Logio Data

Mae'r adran hon yn trafod ffyrdd gwahanol o <u>gofnodi</u>, <u>rheoli</u>, ac <u>ymateb</u> i ddigwyddiadau, naill ai yn y byd go iawn neu mewn <u>model</u> ohoni. Mae'n werth ei ddysgu, wir i chi.

Logio Data yw'r Broses o Gofnodi Data yn Awtomatig

1) Ystyr <u>logio data</u> yw <u>cipio</u> a <u>storio</u> gwybodaeth gan ddefnyddio <u>synwyryddion</u>.
2) Yn y lle cyntaf, caiff y wybodaeth ei storio ar ffurf <u>data</u>, yna caiff ei <u>llwytho i lawr</u> i gyfrifiadur i'w dadansoddi.
3) Gwell logio data pan fydd angen casglu <u>llawer iawn</u> o ddata dros gyfnod <u>hir</u> iawn neu gyfnod <u>byr</u> iawn, neu i gasglu data o amgylcheddau <u>peryglus</u>.

<u>Enghreifftiau</u> o logio data:
- Casglu data tywydd o <u>loerennau</u>,
- Casglu data am ymbelydredd o <u>atomfeydd</u>,
- Casglu data am dymheredd o'r tu mewn i <u>ffwrn</u>, neu ffwrnais chwyth.

Mae Angen y Caledwedd a'r Meddalwedd Cywir er mwyn Logio Data

1) Mae <u>synhwyrydd mewnbwn</u> yn casglu'r data. Mae'r rhan fwyaf o synwyryddion yn gweithio trwy drawsnewid signalau amgylcheddol yn egni <u>trydanol</u> – gan gynhyrchu naill ai signal <u>analog</u> neu signal <u>digidol</u>.
2) Fel arfer, gall <u>synwyryddion digidol</u> naill ai fod YMLAEN neu I FFWRDD, e.e. pad gwasgedd ger goleuadau traffig – mae'n cynhyrchu signal pan fydd cerbyd yn gyrru drosto.
3) Gall <u>synwyryddion analog</u> fesur ystod o werthoedd, e.e. thermistor – sef gwrthydd y mae ei wrthiant yn amrywio gyda'r tymheredd.
4) Cyn y gellir llwytho signal <u>analog</u> i lawr a'i storio ar system gyfrifiadurol, mae angen ei newid yn signal <u>digidol</u> – gan ddefnyddio <u>trawsnewidydd analog-digidol (ADC)</u>.
5) Caiff y data digidol ei storio'n aml mewn fformat <u>CSV</u>, fel bod modd ei <u>allforio</u> i daenlen i'w ddadansoddi. Gall allbwn y dadansoddi hwn fod ar sgrîn neu ar bapur, ac yn ôl pob tebyg bydd yn cynnwys graffiau.

ENGHREIFFTIAU o sut mae synwyryddion yn cael eu defnyddio…

Goleuni:	Defnyddir gwrthyddion sy'n ymateb i oleuni i benderfynu pryd mae cynnau <u>goleuadau stryd</u>.
Ymbelydredd:	Mae <u>mesuryddion Geiger</u> yn mesur faint o ymbelydredd sydd mewn gwrthrych
Tymheredd:	Gellir defnyddio thermistorau er mwyn rheoli <u>system wresogi</u>.
Sain:	Gellir defnyddio synwyryddion er mwyn gwirio bod <u>sŵn awyrennau</u> o fewn lefelau y cytunir arnynt.
Gwasgedd:	Tebyg i badiau gwasgedd mewn <u>larymau lladron</u> neu systemau rheoli traffig.
Is-goch:	Gall synhwyrydd ganfod toriad mewn <u>paladr is-goch</u> – larymau lladron unwaith eto.
Gwasgedd aer:	Gellir defnyddio synwyryddion i reoli <u>masgiau ocsigen</u> mewn argyfwng ar awyren.

Gadewch i ni weld a fedrwch chi wneud synhwyrydd o hyn...

Gwnewch yn siŵr eich bod chi'n dysgu am logio data, am galedwedd a meddalwedd, y gwahaniaeth rhwng signalau analog a digidol, a beth gall synwyryddion ei fesur. Hynny yw – dysgwch y cwbl lot!

Adran 7 - Cyfrifiaduron yn y Byd Go Iawn

Cyfnod Logio a Chyfwng Logio

Synnwyr gyffredin yw hyn i gyd – ond nid yw hynny'n golygu nad oes angen i chi drafferthu i'w ddysgu. Gwnewch yn siŵr eich bod chi'n gwybod sut mae dewis cyfnod logio a chyfwng logio addas.

Dewiswch Gyfnod Logio Addas...

1) Y cyfnod logio yw hyd cyfanswm yr amser y byddwch yn casglu data. Os yw'n rhy hir, byddwch yn gwastraffu amser prin. Ond, os yw'n rhy fyr, gallech fethu data pwysig.
2) Mae hyd y cyfnod logio yn dibynnu ar yr hyn sy'n cael ei fonitro. E.e. os ydych am archwilio sut mae cwpanaid o goffi'n oeri, byddai cyfnod o awr yn well na chyfnod o ddwy flynedd.
3) Os nad ydych yn siŵr pa gyfnod logio i'w ddewis, gwnewch ychydig o ymchwil cyn dechrau – er enghraifft, gadewch gwpanaid o goffi i oeri er mwyn gweld faint o amser y bydd hyn yn ei gymryd.

...a Chyfwng Logio

1) Y cyfwng logio yw'r amser rhwng un mesuriad a'r mesuriad nesaf.
2) Fel rheol, hwyaf y cyfnod logio, hwyaf fydd y cyfwng logio.

DEFNYDDIWCH GYFWNG LOGIO HIR...
Os ydych yn mesur twf coeden dros gyfnod o ddwy flynedd gallech gael cyfnod logio o fis.

DEFNYDDIWCH GYFWNG LOGIO BYR...
Pa baech chi'n mesur tymheredd adwaith cemegol sy'n para am ychydig eiliadau'n unig, byddech yn debygol o ddefnyddio cyfwng logio o ffracsiwn o eiliad.

3) Ar ôl i chi benderfynu ar gyfnod logio a chyfwng logio, gallwch gyfrifo sawl darlleniad fydd gennych chi – gwnewch yn siŵr bod digon ohonynt.

$$\text{Nifer y darlleniadau} = \frac{\text{Cyfnod logio}}{\text{Cyfwng logio}}$$

Mae yna Bedair Mantais i Logio Data

1) Gall logio data gofnodi gwybodaeth mewn mannau na all pobl fynd iddynt – e.e. ar waelod y môr, yn y gofod, a'r tu mewn i adweithyddion niwclear neu boptai pizza.
2) Gellir casglu data dros gyfnodau hir iawn neu gyfnodau byr iawn – e.e. cyfradd twf coeden, neu'r newidiadau tymheredd sydyn mewn ffrwydrad niwclear.
3) Gall y cyfwng rhwng darlleniadau fod yn fwy cywir na phan fydd person yn gwneud y mesur – er enghraifft, bydd darlleniad tymheredd sydd i'w gofnodi bob 27 eiliad yn cael ei gofnodi yn union bob 27 eiliad.
4) Nid oes angen te deg, awr ginio na chwsg ar beiriannau logio. Gallant weithio hyd yn oed yn ystod Pobl y Cwm.

Logio data – fedra i ddim meddwl am unrhyw beth doniol i'w ddweud...

Y pethau pwysig i'w dysgu am logio data yw'r gwahanol fathau o synhwyrydd, pa wybodaeth y gellir ei chasglu, y cyfnod logio a'r cyfwng logio. Dysgwch bopeth.

Adran 7 – Cyfrifiaduron yn y Byd Go Iawn

Mesur Data Ffisegol

O'r gorau, mae cyfrifiaduron yn wych ar gyfer cofnodi mesuriadau, ond rhaid i chi gynllunio popeth yn gyntaf —does dim pwynt cael nifer fawr o synwyryddion ffansi yn mesur y peth anghywir.

Gofynnwch Chwe Chwestiwn i'ch Hunan Cyn Dechrau...

1) **A oes mwy nag un peth yn newid?**

    A ydych chi'n mesur lefelau sain yn unig, er enghraifft? A fydd angen i chi gofnodi dau beth ar yr un pryd?

2) **A yw'n gyfres o ddigwyddiadau?**

    A ydych chi'n mesur un peth yn ddi-dor, neu a ydych chi'n mesur effaith gwahanol ddigwyddiadau ar y tymheredd, er enghraifft?

3) **A yw'n ddigwyddiad unigryw?**

    A ydych chi'n mesur y tymheredd yn ystod echdoriad folcanig (unigryw) neu lefelau sŵn bob tro y bydd car yn mynd heibio (ddim yn unigryw)?

4) **Faint o amser bydd y mesur yn ei gymryd?**

    Peidiwch ag ystyried mesur twf coeden dros 10 munud.
    Trafodir cyfnodau logio ar dudalen 55.

5) **Pa mor aml y bydd angen mesur?**

    Dyma pam mae cyfyngau logio yn bwysig (tud. 55) – dydych chi ddim eisiau colli'r newidiadau i gyd oherwydd i chi benderfynu ar gyfwng rhy hir, a dydych chi ddim eisiau gwastraffu amser yn cymryd nifer o fesuriadau tebyg iawn oherwydd eich bod yn mesur yn rhy aml.

6) **Ym mha fformat ydych chi am i'r data fod?**

    Dylech feddwl am y math o graff neu dabl rydych am ei lunio ar y diwedd – gall rhai mathau o feddalwedd allbynnu'r canlyniadau'n syth i graff o'ch dewis (darllenwch ymlaen...)

Gall rhai Mathau o Feddalwedd Gynhyrchu Graffiau o Synwyryddion

Mae yna rai mathau cŵl iawn o feddalwedd sy'n cynhyrchu graffiau yn awtomatig o'r data, wrth iddo gael ei gofnodi.

Cafodd y graffiau hyn eu cynhyrchu gan ddefnyddio 'Sensing Science' gan Data Harvest. (Onid ydyn nhw'n dda?)

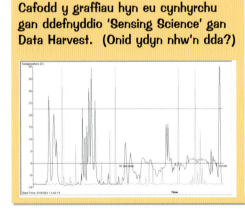
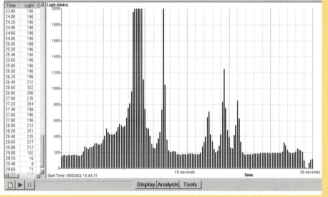

Chwe Chwestiwn – byddai'n well gen i gymryd yr arian...

Rhaid i chi ddeall mor bwysig yw cynllunio beth rydych am ei fesur cyn i chi ddechrau. Gallai bwrw ati i fesur y peth mwyaf amlwg fod yn demtasiwn fawr, ond byddwch yn difaru os gwnewch hynny. Cymerwch ofal.

Adran 7 – Cyfrifiaduron yn y Byd Go Iawn

Cyfrifiaduron a'r Gyfraith

Mae cyfrifiaduron yn cael eu defnyddio mwyfwy y dyddiau hyn i storio a phrosesu data pwysig. Mae trosglwyddo data'n electronig yn hawdd iawn – felly, mae yna gyfreithiau sy'n rheoli'r defnydd o gyfrifiaduron.

Mae'r Ddeddf Diogelu Data'n Rheoli'r Defnydd o Ddata Personol

1) Mae'r Ddeddf Diogelu Data yn rhoi hawliau i unrhyw un sydd â gwybodaeth amdanynt wedi'i chadw ar gyfrifiadur neu fel arall.
2) Mae'r gyfraith yn rhoi'r hawl i bobl weld y data personol amdanynt sydd wedi'i storio.
3) Mae'r Ddeddf yn cynnwys wyth egwyddor diogelu data. Does dim rhaid i chi eu dysgu, ond mae'n werth gwybod amdanynt.

Os torrwch y gyfraith hon gallech gael eich dirwyo a'ch gorfodi i dalu iawndal.

Eich Anrhydedd...eich wig...mae'n...ymmm...

Deddf Diogelu Data

1. Ni ddylid prosesu data oni bai bod rheswm cyfreithiol penodol dros wneud hynny.
2. Ni ddylid cael ac yna defnyddio data ond ar gyfer pwrpas penodol.
3. Dylai data fod yn ddigonol, yn berthnasol, a heb fod yn ormodol i'r pwrpas dan sylw.
4. Rhaid i'r data fod yn gywir ac yn gyfredol.
5. Dylid cadw data dim ond cyhyd â bod ei angen i'r pwrpas penodol.
6. Dylai prosesu'r data fodloni hawliau cyfreithiol y bobl dan sylw.
7. Dylai deiliaid y data ddiogelu'r data rhag iddo gael ei golli, ei ddwyn neu ei lygru.
8. Ni ddylid anfon y data tramor, ac eithrio i rai gwledydd Ewropeaidd eraill.

Mae'r Ddeddf Hawlfraint, Dyluniadau a Phatentau yn rheoli Copïo Anghyfreithlon

Yn ôl y ddeddf hon mae'n anghyfreithlon copïo ffeil heb ganiatâd y perchennog neu ddeiliad yr hawlfraint. Caiff y gyfraith ei thorri'n aml mewn pedair ffordd:

1) Defnyddio meddalwedd heb y drwydded briodol. Felly, os oes gennych drwydded meddalwedd ar gyfer un cyfrifiadur, ond rydych wedyn yn ei osod ar bob peiriant mewn rhwydwaith, rydych yn torri'r gyfraith.
2) Llwytho testun neu ddelweddau i lawr o'r Rhyngrwyd, a'u defnyddio heb ddweud o ble y daethon nhw, neu heb gael caniatâd perchennog yr hawlfraint.
3) Copïo rhaglen gyfrifiadur rydych yn ei defnyddio yn y gwaith a'i defnyddio gartref, heb ganiatâd deiliad yr hawlfraint.
4) Gwneud copïau o feddalwedd a'u rhoi i'ch ffrindiau.

Mae pobl sy'n torri'r gyfraith hon yn agored i ddirwy diderfyn

Mae'r Ddeddf Camddefnyddio Cyfrifiaduron yn rhwystro Mynediad Anghyfreithlon i Ffeiliau

Mae'r gyfraith hon yn ymdrin â phroblemau a achosir gan hacwyr a firysau – mae'n gwneud tri pheth yn anghyfreithlon:

1) Mynediad anghyfreithlon i ddeunydd ar gyfrifiadur (e.e. hacio). Mae hyn yn cynnwys edrych ar rannau o rwydwaith nad oes gennych ganiatâd i'w gweld, a chopïo rhaglenni'n anghyfreithlon – lladrad meddalwedd.
2) Mynediad heb awdurdod i gyfrifiadur er mwyn cyflawni troseddau megis twyll a blacmel.
3) Newid ffeiliau cyfrifiadur heb awdurdod – gan gynnwys plannu firysau a dileu ffeiliau.

Gall troseddwr wynebu dirwy diderfyn a dedfryd o bum mlynedd yn y carchar.

Oi — rwy'n eich arestio chi...

Tudalen llawn gwybodaeth ddiddorol...

O'r gorau, rwy'n cytuno, nid yw'n ddiddorol iawn.

Adran 7 - Cyfrifiaduron yn y Byd Go Iawn

Cyfrifiaduron yn y Gweithle

Mae TGCh wedi newid natur swyddi llawer o bobl, ac nid y swyddi mewn swyddfeydd electronig yn unig.

Mae TGCh wedi Disodli Rhai Swyddi, ond mae wedi Creu Swyddi Eraill

Mae cyfrifiaduron wedi disodli pobl mewn rhai swyddi, ac mae defnyddio cyfrifiaduron mewn swyddi eraill wedi golygu bod angen llai o weithwyr i wneud y gwaith hwnnw. Ond mae swyddi newydd wedi'u creu ym maes cynhyrchu a defnyddio cyfrifiaduron, ac mae diwydiannau newydd wedi ymddangos.

SWYDDI SY'N CAEL EU DISODLI GAN GYFRIFIADURON
1) Gwaith llaw yn cael ei wneud gan robotiaid e.e. rhai swyddi cydosod ceir.
2) Gwaith llaw yn cael ei wneud gan systemau cyfrifiadurol e.e. swyddi argraffu, lle mae Bwrddgyhoeddi (DTP) wedi cymryd drosodd.
3) Swyddi mewn swyddfeydd yn cael eu gwneud gan gyfrifiaduron, e.e. clercod ffeilio a theipyddion.

SWYDDI SY'N CAEL EU CREU GAN GYFRIFIADURON
1) Swyddi sy'n ymwneud â dylunio a gweithgynhyrchu caledwedd cyfrifiadurol.
2) Dadansoddwyr systemau a rhaglenwyr, sy'n cynllunio systemau ac yn ysgrifennu meddalwedd.
3) Rheolwyr rhwydweithiau a thechnegwyr, sy'n cynnal a chadw systemau cyfrifiadurol.

Mae TGCh yn Hwyluso Teleweithio a Defnyddio Desgiau Gwag ('Hot-Desking')

1) Mae defnyddio technoleg y Rhyngrwyd yn golygu y gall pobl deleweithio (h.y. gweithio o gartref) yn lle teithio i swyddfa bob dydd.
2) Mewn rhai swyddfeydd bydd gweithiwr yn eistedd wrth unrhyw ddesg wag, yn hytrach nag wrth ei ddesg bersonol ei hun.

Mae teleweithio yn golygu y gall pobl weithio lle bynnag y dymunant

MANTEISION
1) Mae angen llai o le yn y swyddfa.
2) Nid oes rhaid i deleweithwyr gymudo i'w gwaith, a gallant drefnu eu gwaith o gwmpas eu bywyd personol.

ANFANTEISION
1) Mae'n anoddach cadw gwybodaeth yn gyfrinachol.
2) Gall teleweithio fod yn waith unig (am fod llai o gysylltiad â chydweithwyr).
3) Gall symud o ddesg i ddesg roi gweithiwr dan straen, am nad yw'n gwybod ymhle y bydd yn eistedd.

Mae Pob Gweithiwr yn Gwneud Mwy a Mwy o Ddefnydd o TGCh

At ei gilydd, mae gofyn i weithwyr, ac yn arbennig y gweithwyr hynny sydd mewn swyddfeydd, dreulio mwy a mwy o'u hamser yn defnyddio cyfrifiaduron. Mae manteision ac anfanteision i hyn, i'r gweithwyr a hefyd y cyflogwyr:

MAE CYFRIFIADURON YN WYCH OHERWYDD:
1) Gallant gyflymu'r gwaith. Mae hyn yn gwneud busnesau'n fwy cynhyrchiol ac felly yn fwy cystadleuol.
2) Gallant wneud y gwaith diflas ac ailadroddus, gan adael y gweithwyr i wneud y gwaith diddorol.

MAE CYFRIFIADURON YN DRÔNS OHERWYDD:
1) Mae buddsoddi o hyd ac o hyd yn y dechnoleg ddiweddaraf a mwyaf effeithlon yn ddrud, ac mae ailhyfforddi staff yn ddrud ac yn cymryd amser.
2) Gallai swyddi gael eu colli wrth i gyfrifiaduron ddisodli pobl ar gyfer rhai tasgau.
3) Gall defnyddio cyfrifiaduron dros gyfnod hir achosi problemau iechyd (tudalen 59).

Mae TGCh ymhobman...

Gyda bron popeth y byddwch yn ei wneud, bydd rhaid i chi ddefnyddio cyfrifiadur rywbryd neu'i gilydd. Cofiwch, dim ond ychydig iawn o bobl a arferai ddefnyddio cyfrifiadur 30 mlynedd yn ôl. Rhyfedd o fyd!

Adran 7 - Cyfrifiaduron yn y Byd Go Iawn

Defnyddio Cyfrifiaduron – Materion Iechyd a Diogelwch

Ni chafodd cyfrifiaduron eu dylunio'n wreiddiol i'w defnyddio drwy'r dydd, ac mae pobl sydd yn eu defnyddio am gyfnodau hir yn gallu peryglu'u hiechyd. Mae'r wybodaeth ar y dudalen hon yn hynod o bwysig. Talwch sylw iddi.

Y Prif Broblemau yw Anaf Straen Ailadroddus (RSI), Straen ar y Llygaid a Ffitrwydd...

Mae tair prif broblem – sy'n gysylltiedig â dyluniad gwael yr offer, peidio â defnyddio'r offer yn gywir, neu ei orddefnyddio.

1) Mae anaf straen ailadroddus (RSI) yn derm cyffredinol am y niwed a achosir i gyhyrau a thendonau, a'r poenau difrifol sy'n ganlyniad i hyn. Defnyddio gormod ar fysellfwrdd neu lygoden sy'n ei achosi.
2) Gall treulio gormod o amser o flaen monitor achosi straen ar y llygaid, a chur pen.
3) Gall problemau gyda chylchrediad y gwaed, ffitrwydd a chyda'r cefn gael eu hachosi o ganlyniad i eistedd trwy'r dydd o flaen y cyfrifiadur yn hytrach na cherdded o gwmpas o bryd i'w gilydd.

...a Gellir eu Datrys trwy wneud y Tri Pheth hyn

1) Cymryd saib o'r cyfrifiadur yn rheolaidd. Gall edrych i ffwrdd o'r sgrîn, cerdded o gwmpas yr ystafell, a symud eich bysedd a'ch dwylo leihau'r peryglon i'ch iechyd.
2) Defnyddio'r offer cywir. Dylai fod gennych:
   a) gadair bwrpasol gyda chynhalydd,
   b) bysellfwrdd da sydd mewn safle cyfforddus, er mwyn lleihau'r straen ar eich bysedd,
   c) golau cefndir da,
   ch) sgrîn gwrth-lachar (os oes angen un) o flaen y monitor.
   Gallai pethau fel cynhaliwr arddwrn i'r bysellfwrdd a'r llygoden fod yn ddefnyddiol.
3) Trefnu'r offer yn gywir. Dylech addasu'r gadair a'r monitor i ddod o hyd i'r safle mwyaf cyfforddusu i chi.

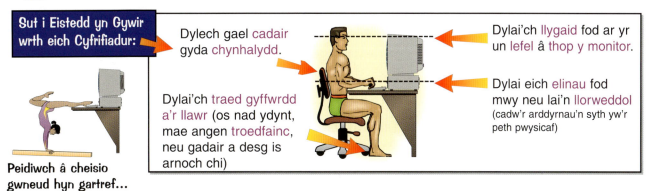

Sut i Eistedd yn Gywir wrth eich Cyfrifiadur:

Dylech gael cadair gyda chynhalydd.

Dylai'ch traed gyffwrdd a'r llawr (os nad ydynt, mae angen troedfainc, neu gadair a desg is arnoch chi)

Dylai'ch llygaid fod ar yr un lefel â thop y monitor.

Dylai eich elinau fod mwy neu lai'n llorweddol (cadw'r arddyrnau'n syth yw'r peth pwysicaf)

Peidiwch â cheisio gwneud hyn gartref...

Mae Cyfraith Iechyd a Diogelwch yn bod er mwyn Diogelu Gweithwyr

Dywed y gyfraith bod angen i gyflogwyr wneud pum prif beth er mwyn diogelu eu gweithwyr:
1) Sicrhau bod yr offer cyfrifiadurol a'r man gwaith yn ddiogel.
2) Sicrhau bod gweithfannau yn bodloni'r safonau (yn cynnwys popeth o gadeiriau i'r golau).
3) Rhaid i gyflogwyr gynnig toriadau rheolaidd neu gyfle i weithwyr wneud gwaith oddi ar y cyfrifiadur.
4) Darparu profion llygaid am ddim i'r holl staff sy'n defnyddio monitorau'n rheolaidd yn eu gwaith.
5) Darparu hyfforddiant a gwybodaeth am iechyd a diogelwch, fel bod modd i bobl leihau'r peryglon.

Dydy dofi llewod ddim yn edrych yn job cynddrwg wedi'r cyfan...

Nid dyma'r dudalen fwyaf diddorol efallai, ond mae'n dudalen bwysig. Os ydych chi'n teimlo unrhyw boenau, yna rydych yn gwneud rhywbeth yn anghywir. Dyfalwch beth yw ef, a gwnewch rywbeth yn ei gylch (neu byddwch yn difaru'n nes ymlaen...)

Adran 7 - Cyfrifiaduron yn y Byd Go Iawn

Crynodeb Adolygu Adran 7

Dyma ran olaf y llyfr, felly dyma restr o gwestiynau diddorol i orffen...

1) Beth yw cod bar, a beth yw ei bwrpas?
2) Beth yw ystyr 'Pwynt Talu Electronig' (EPOS)?
3) Sut gall system EPOS ailarchebu stoc yn awtomatig.
4) Beth yw ystyr 'Trosglwyddo Cyfalaf Electronig yn y Pwynt Talu' (EFTPOS)?
5) Sut gellir lleihau'r perygl o dwyll cerdyn?
6) Esboniwch un rheswm pam mae siopau wedi cyflwyno cardiau ffyddlondeb.
7) Beth yw 'system rheoli maes parcio', a sut mae'n gweithio?
8) Esboniwch yn fyr sut mae TGCh yn bwysig i ragolygu'r tywydd.
9) Beth yw 'man gwybodaeth'? Ble rydych chi wedi gweld un?
10) Beth yw diagram Gantt?
    a) llun o aderyn
    b) ffordd i reoli projectau
    c) amserlen bws
11) Beth yw ystyr 'logio data'?
12) Beth yw'r gwahaniaeth rhwng synwyryddion analog a synwyryddion digidol?
13) Nodwch dair enghraifft o fathau o synwyryddion, a nodwch un defnydd posibl i bob un ohonynt.
14) Esboniwch y gwahaniaeth rhwng cyfnod logio a chyfwng logio.
15) Nodwch dair o fanteision logio data.
16) Pan fyddwch yn mesur rhywbeth gyda synwyryddion, a ddylech gynllunio beth i'w wneud yn gyntaf? Pam / pam lai?
17) Ysgrifennwch ddau gwestiwn y gallech ofyn i'ch hunan cyn dechrau mesur.
18) Rhowch esboniad cryno o'r Ddeddf Diogelu Data?
19) Pa rai o'r rhain sy'n gyfreithlon?
    — Prynu gêm PC a gwneud copïau ohoni i'ch ffrindiau
    — Prynu gêm a'i defnyddio ar eich PC gartref
    — Ysgrifennu rhaglen sy'n cynnwys firws, a'i e-bostio i 10 Stryd Downing
    — Llwytho llun i lawr, a chael caniatâd perchennog yr hawlfraint i'w ddefnyddio ar eich gwefan eich hunan
    — Hacio i ffeiliau'r Llywodraeth a newid pob 10fed gair yn 'Twm'.
20) Enwch ddwy swydd sy'n cael eu disodli gan gyfrifiaduron, a dwy swydd sy'n cael eu creu gan gyfrifiaduron.
21) Esboniwch ystyr 'teleweithio' a defnyddio desgiau gwag.
22) Nodwch un fantais ac un anfantais i fusnes o ddefnyddio cyfrifiaduron.
23) Rhestrwch yr holl broblemau iechyd y gallwch feddwl amdanynt sy'n cael eu hachosi gan orddefnyddio cyfrifiaduron, a dywedwch sut i osgoi pob un ohonynt?

Mynegai

A

achos ac effaith 18
Adobe Photoshop 26
anghyfreithlon 57
ailfeintio gwrthrychau 25
alinio testun 21
altro delweddau 26
allbwn 15, 16
allforio 25
allwedd 35
allwedd-faes 37
allweddeiriau 40
amcanion 15
amlapio testun 28
amlenni 23
amlygu testun 20
anaf straen ailadroddus (RSI) 59
archifo 4
arddull tŷ 29
arlliw 26
astudiaeth dichonoldeb 15
atodiadau 48
atodiadau ffeil 48

B

bar offer fformatio 21
beitiau 1
borderi 21, 22
bwrddgyhoeddi (DTP) 27-29, 58
bylchiad dwy linell 21
bylchiad llinellau 21
bylchiad un llinell 21
bysell reoli (Ctrl) 20
bysell syflyd 20
bysellau'r cyrchwr 20
bysellfyrddau 5
bysellfyrddau QWERTY 5

C

caledwedd 4, 5
camerâu digidol 6, 24
caniatâd 57
carchar 57
cardiau credyd 6
cardiau ffyddlondeb 52
cardiau streipen fagnetig 6, 51
CD-ROMau 40
cell gymysg 33
celloedd 33
cerdyn debyd 51
cerdyn sain 12
cilobeit (Kb) 1
ciosgau electronig 53
cipio data 8-9, 10, 16, 17, 54
cipio data awtomatig 8
cleient 39
clicio 5
clicio a llusgo 20
clip papur 22
clipluniau 23, 24
cod bar 6, 51
cod deuaidd 1
cod Morse 1
codau 16, 37
cofnodion 11, 37
cofnodion cleifion 17
colofnau 22, 28
colli swyddi 58
copi caled 12
copïo a gludo 20
copïo ffeiliau 3
Corel Photopaint 26
corff (y) testun 29
creu delweddau 24
cronfa ddata 23
cofnodion 37
cronfa ddata cwsmeriaid 52
CSV 54
cydraniad 24
cydraniad uchel 6
cyfathrebu gwybodaeth 30, 35
cyfeillgar 16
cyfeirnodau cell absoliwt/clo 34
cyfeirnodau cell cymharol 34
cyferbyniad 26
cyfesurynnau 33
cyflwyniad 16
cyflwyniadau amlgyfrwng 12, 30
cyflwyno data 12
cyfnod logio 55-56
cyfreithiau 57
cyfrifianellau 33
cyfrineiriau 4
cyfrwng storio 4
cyfwng logio 55-56
cyfyngiadau'r system 15
cyffyrddellau 5
cylchdroi gwrthrychau 25
cylchedau 1
cylchred bywyd system 14
cynhalwyr arddyrnau 59
cynllun gwirio 16
cynllunio gwefan 45
cyrchwr 5
cysylltau 46
cysylltu fframiau 28

Ch

chwiliad cymhleth 40
chwistrell paent 25

D

dadansoddi systemau 14
dadansoddiad Beth-os 36
dadansoddwr systemau 16, 58
dadwneud 20
dalennau cofnod 41
dangosydd 5
dangosydd sgrin 12
darllenydd cod bar 8
darllenydd magnetig 51
Darparwr Gwasanaeth Rhyngrwyd (ISP) 39
data 1, 2, 6, 8-12, 16, 33-36, 37, 52, 54-56
data cynradd 43
data eilaidd 43
data ffisegol 56
Deddf Camddefnyddio Cyfrifiaduron 57
Deddf Diogelu Data 57
defnyddio desgiau gwag 58
delweddau 24
diagramau 17
diagram Gantt 53
diagramau llif 17
diagramau o'r brig i lawr 17
didau 1
didfapiau 6, 24
dileu testun 20
dilysu 2
dilysu data 16
diogelwch 3, 4
diogelwch corfforol 4
diogelwch data 4
diogelwch mynediad 4
diogelwch rhwydweithiau 4
disgleirdeb 26
dogfennau amldudalen 22
dogfen nôl a blaen 8
dolenni adborth 2
dolenni ailfeintio 25
dotiau y fodfedd (dpi) 24
dulliau cofnodi â llaw 8
dwbl-glicio 5, 20
dylunio system gyfrifiadurol 16-17

E

e-bost (post electronig) 39
efelychiadau 36
effeithiau animeiddio 30
eiconau 5
elinau 59

F

firysau 10, 48, 57

Ff

ffefrynnau 41
ffeiliau darllen yn unig 4
ffeiliau data 11
ffeiliau GIF wedi'u hanimeiddio 46
ffeiliau wedi'u llygru 10
ffitrwydd 59
ffont 21
fformat ffeil 23
fformiwlâu 34
ffotograffau ffug 26
ffotograffydd 29
fframiau 27, 28, 46
fframiau testun 27
ffreutur ysgol 36
ffurflenni 8, 9, 16
ffurflenni darllen mesuryddion trydan 8
ffurflenni sgrin 16
ffwythiannau 34

G

gigabeit (Gb) 1
gliniaduron 5
gohebydd 29
goleuadau traffig 18
golygu delweddau digidol 26
golygydd 29
gorchmynion 16
gosod system gyfrifiadurol 3
gosodiad papur newydd 29
gosodiad tudalen 27, 28
graffeg 24-25, 26, 27-29, 44-46
graffeg fector 24
graffeg wedi'i aflunio 25
graffiau 12, 23, 35, 36, 56
graffiau bar 35
graffiau gwasgariad 35
graffiau llinell 35
grwpio delweddau 25
gwaith llaw a ddisodlir gan gyfrifiaduron 58
gwall dynol 3, 6
gwefannau caws 41
gweithderfnau 18
gweithfannau 59
gweithle 58
gwerthuso 18
gwireddu 2
gwiriwr sillafu 22
gwybodaeth 1-3, 6, 8-9, 12, 39-43, 51, 53
gwybodaeth unochrog 43

H

hacwyr 3, 10, 57
haenu 25, 26, 28
haenu fframiau 28
hanes 41

Mynegai

hawdd ei ddefnyddio 16
hawlfraint 24, 47, 57
hawliau mynediad 4
heb awdurdod
    defnyddwyr 3
    mynediad 57
hidlyddion 26
holiaduron 8-9
hypergysylltau 41, 44
hysbysebion personol trwy'r post 52
hysbysfwrdd 27

I

Iaith Farcio Hyperdestun (HTML) 46
is-bennawd 29
is-olygydd 29

J

JPEG 24, 45

L

larymau lladron 6, 54
logio data 54

Ll

lladrad meddalwedd 57
llên-ladrad 47
llinell enw 29
llinellau canllaw 28
lliwio delweddau 25
lliwio testun 21
lluniau gif 45
llyfr cyfeiriadau 49
llygoden 5
llythrennau italig 21
llythyr safonol 23
llythyron wedi'u personoli 23

M

maint ffeil 24
maint testun 21
manylder 26
materion iechyd a diogelwch 59
meddalwedd arlunio 24
meddalwedd cyflwyno 30, 31
meddalwedd cyhoeddi 27
meddalwedd cymhwyso 23
meddalwedd golygu ffotograffau 6
meddalwedd graffeg 24, 25
meddalwedd graffeg fector 24
meddalwedd drwyddedig 57

megabeit (Mb) 1
memo 23
mesuryddion Geiger 54
mewnbwn 2, 5, 6, 15
Mewnbwn, Prosesu, Allbwn 2, 16
mewnbynnu data 5
mewnforio 23, 27
mewnoli testun 21
meysydd 1, 37
meysydd hyd newidiol 11
meysydd hyd sefydlog 11
microffonau 6
model cyfrifiadurol 52
modelu 36, 52
modem 39

N

newyddlen 23, 27, 28
nodau 11

P

padiau graffeg 5
papurau newydd 28, 29
patrymlun llythyr 23
patrymluniau 23, 28
peiriannau cyfrif 18
peiriant chwilio 40
peiriant ffacs 6
pêl llygoden 5
peli llwybro 5
penawdau 22
pennawd 29
picseli 6, 24
pilen 5
pinnau golau 6
pizza 36
porwr 39
porwr gwe 39
posteri 27
postgyfuno 17, 23
prawfddarllen 29
preifatrwydd 10
prosesu 2
prosesu amser real 1
prosesu geiriau 20, 22, 23
Pump Rheol Aur 44
Pwynt Talu Electronig (EPOS) 51
pwyntiau bwled 21, 30
pwyntil caled 5

R

robotiaid 58

Rh

rhagdudalen 29
rhaglennu 18
rhaglenwyr 58
rhagolygu'r tywydd 52
rheolau'r system 15
rheoli traffig 52
rheolwyr rhwydweithiau 58
rhestri dosbarthu 49
rhifau cyfresol 4
rhifo 21
rhwystrau maes parcio 18
rhwystrau tocyn 18
Rhyngrwyd 39-43,

S

sganwyr 8, 24
    gwastad 6
    laser 6, 51
    llaw 6
sgrin gyffwrdd 53
    padiau 5
sgript 31
siart corryn 47
siartiau 12, 35
siartiau cylch 35
siartiau llif system 17
signalau digidol 54
sleidiau 30, 31
Sothach Mewn, Sothach Allan (GIGO) 1
storio data 10
straen ar y llygaid 59
swp-brosesu 11
swyddi TGCh 58
symud testun 20
synwyryddion 6, 8, 52, 54
    analog 54
    digidol 54
    golau 6
    is-goch 6
    llygod 5
    tymheredd 6
system 2
systemau adnabod llais 6
systemau cyfrifiadurol 2, 3
systemau gwybodaeth ddaearyddol (GIS) 52
systemau llaw 3
systemau monitro 18
systemau rheoli 18
systemau rheoli maes parcio 52

T

tablau 22
tablau mewn prosesyddion geiriau 22
taenlenni 33
    celloedd 33
    cyfeirnodau cell cymharol 34
    cyfesurynnau 33
    fformiwlâu 34
    modelau taenlen 36
taflenni 27
tanlinellu 21
tanlinellu testun 21
tasgau 16
technegwyr 58
teip trwm 21, 44
teleweithio 58
testun wedi'i unioni 21
tîm newyddion 29
tocio delweddau 25
toriad trydan 3
torri a gludo 20
trawsnewidydd analog-digidol (adc) 54
trebl-glicio 20
troedynnau 22
Trosglwyddo Cyfalaf Electronig yn y Pwynt Talu (EFTPOS) 51
tudalen proffesiynol yr olwg 27
twyll 57
twyll cerdyn 51

U

Uned Brosesu Ganolog (UBG) 2
url 40

W

wrth gefn 4
WWW – Gwe Fyd-Eang 39